小学校英語サポー

教師1年目から使える！

英語授業
アイテム&
ゲーム100

増渕 真紀子 著

明治図書

はじめに

　小学校の先生は忙しすぎる。

　私が小学校の現場に入って最初に，一番衝撃を受けたことです。座って一息つく時間さえない小学校の先生の現場に，さらなる負担となった小学校外国語。新しい教科，新しい教授法，そして新しい評価法。すべてが手探りに進むしかない，そんなふうに私には見えました。Instagramで教材や授業アイデアの発信を始めて以来，今でも，現場では十分な準備が進んでおらず，全国の小学校の先生方から悲痛な声が寄せられています。

　私は，中高教員時代，たくさんの「英語嫌い」の生徒を受け持ってきました。
　「先生，私英語が苦手だから」と最初に宣言してくる生徒も少なくはありませんでした。そんな生徒の多くが，「英語」をただの学ぶための「教科」としてみなしていたのです。たくさんのそのような英語嫌いの生徒とかかわる中で，英語教師の役目は，英語という言葉を通して，言語，文化の違い，考え方の違い，コミュニケーション方法，人と交流することの楽しさ，新しいものを知ることの楽しさ，学ぶ楽しさ，それらを伝えていくことだと実感しています。それは小学校外国語でも同じだと思っています。

　そのために，「私にはもっと英語教育の専門性が必要だ」と感じ，「最先端の英語教育を学びたい」「理論が伴う教材や授業アイデアを作りたい」，そんな思いで現在，アメリカのTESOLの修士コースで第二言語習得，instructed second language acquisition for young learnersについて研究しています。

　学んだ理論を即授業実践してみると，単なるリピート練習，ライティング練習などこれまでのドリル的語彙文法指導の欠陥が見えてきたのです。教師と児童間でしっかりコミュニケーションをとりながら授業を進めること，それが児童への質のいいインプットとなり，ゆっくりですが着実に伝えるためのコミュニケーションとして英語力がついていく，そう感じました。

小学校外国語は，ほとんどの日本の子どもたちが「英語とのはじめまして」を最初に経験する場です。児童の英語嫌いの前倒しにしてはならない，外国語活動や外国語が単なる教科として終わってはならない。児童のはじめての英語学習経験を豊かに，楽しいものにしていくことが小学校外国語の大きな役目であると考えています。そのためには，小学校の先生方が今抱いている授業への負担や不安感を少しでも軽くすること。そして，先生方自身が「楽しい！　やってみたい！」と思うこと。これが大切だと思っています。

　そこで，

> ・小学校の先生が楽しんで授業ができるような教材！
> ・英語が苦手な先生も簡単に授業ができる「これさえあれば！」の教材！
> ・ワクワクするコミュニケーション活動アイデア！

を届けたい！　という思いで始めたこれまでの Instagram での活動を，この本にまとめました。

　私が本書で紹介している授業アイデアや教材は，すべて私が実際に授業で使い，児童の様子を見ながら改良を重ね，たくさんの先生方に楽しく簡単に実践していただけるものを選び，集めました。「教室に笑いと英語が広がる授業案」。このまま授業に使ってください！

　本書で紹介する授業アイデア・アイテムをぜひ先生方の教室でお役立ていただければと思います。

2023年11月

増渕真紀子

本書の使い方

本書では，それぞれのアイテムとゲームを，以下のような構成でご紹介しています。

アイテム

1 準備

実際に必要な教具や，このアイテムを使った活動をする前に，学習しておくべき内容などを示しています。

2 アイテムの紹介

アイテムの概要や，使うことで期待できること，アイテムを使った活動を通して児童にできるようになってほしいことをご紹介しています。

3 使い方

アイテムの使い方やアイテムを使った活動の手順，また，アイテムを効果的に使うためのポイントも示しています。

4 アイテム

アイテムを画像でご紹介しています。

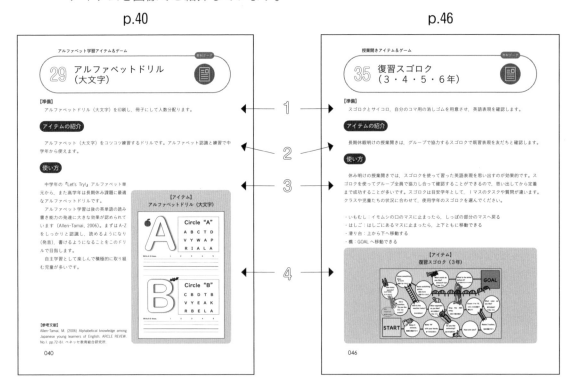

＊本書の特典 教材データ は右記の QR コード，または下記の URL
より無料でダウンロードできます。

URL：https://meijitosho.co.jp/277710#supportinfo

ユーザー名：277710　　　パスワード：makienglish

ゲーム

1　準備
実際に必要な教具や，このゲームをする前に学習しておくべき内容などを示しています。

2　ゲームの紹介
ゲームの概要やねらい（活動を通して，児童にできるようになってほしいこと）などをご紹介しています。

3　進め方
ゲームの手順を示しています。

4　ポイント
そのゲームで使用する Classroom English や実践するときに気をつけたいことを示しています。

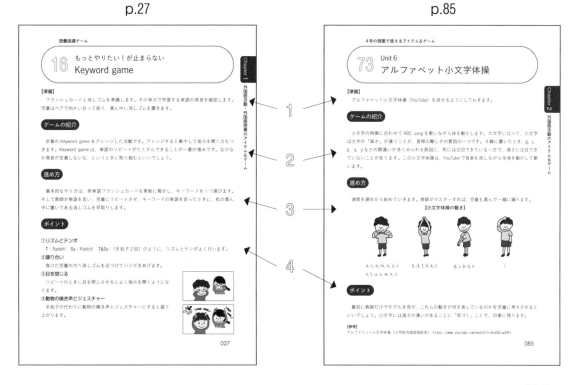

Contents

Chapter 2 外国語活動のアイテム＆ゲーム

Chapter
3 外国語授業のアイテム＆ゲーム ……………………… 093

使ってみたよ
実践レポ

Chapter 1

外国語活動・外国語授業の
アイテム＆ゲーム

1 お天気チャート

【準備】

お天気チャート（1，2）を印刷し，線の部分で切り，1は円状に，2は線のところで1/4を切り落とし，1→2の順に2枚を重ねて中心を割ピンでとめます。

アイテムの紹介

授業はじめに，挨拶の一部として4種類の天気をチャンツで確認しましょう。

使い方

教師はチャンツに合わせて，それぞれの天気のイラストを児童に見せます。

T：[sunny の場合] Weather, weather, how's the weather?（手拍子を添える）Is it snowy?

Ss：No!（以後，授業当日の天気のイラストまで繰り返す）

T：Is it sunny?

Ss：Yes!

T：OK! Let's say "It's sunny!" and chant together!

T&Ss：Sunny, sunny, it's sunny!（手拍子・ジェスチャーをつける）

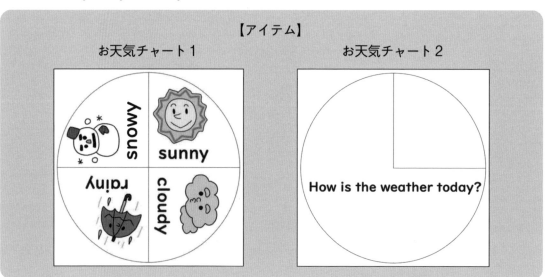

【アイテム】

お天気チャート1　　　お天気チャート2

2 曜日カード

【準備】

7枚の曜日カードを印刷します。毎回使うものなのでラミネートをするのがおすすめです。

アイテムの紹介

授業はじめに，挨拶の一部として曜日の歌を歌い，すべての曜日の英語を確認しましょう。

使い方

教師は曜日の歌を紹介しながら，曜日カードを児童に提示します。歌の後に（メロディーをつけずに），授業当日の曜日までの発音練習をすると効果的です。

T：What day is it today? Let's sing!

T&Ss：♪ Sunday, Monday, Tuesday, ... Sunday comes again!

T：Is it Sunday?

Ss：No!（以後，授業当日の曜日まで繰り返す）

T：What day is it today?

T&Ss：It's Monday!

【アイテム】
曜日カード

教材データ

3 12か月カード

【準備】

12か月カードを印刷します。毎回使うものなのでラミネートをするのがおすすめです。

アイテムの紹介

授業はじめに，挨拶の一部として12か月の歌を歌い，すべての月の英語を確認しましょう。

使い方

教師は12か月の歌を紹介しながら，12か月カードを児童に提示します。歌の後に（メロディーをつけずに），授業当日の月までの発音練習をすると効果的です。

T：What month is it today? Let's sing!

T&Ss：♪ January, February, ... These are the months of the year!

T：Is it January?

Ss：No!（以後，授業当日の月まで繰り返す）

T：What month is it today?

T&Ss：It's April!

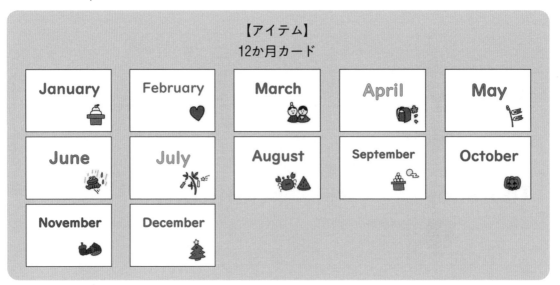

【アイテム】
12か月カード

January	February	March	April	May
June	July	August	September	October
November	December

4 自己紹介カード

【準備】

自己紹介カード（ALT用と児童用）を印刷します。

アイテムの紹介

新年度，クラス替えのときなどの自己紹介の場面で活用します。友だちとの距離が縮まります。

使い方

はじめてのALTとの授業は，児童にとって楽しみでもあり，ドキドキと緊張してしまう時間でもあります。自己紹介カード（ALT用）を書いてもらい，教室や掲示板に貼っておくことで，ALTとの授業前に児童たちが，どこの国の先生なのか，何が好きなのか，事前に知っておくことができます。

はじめての授業でも簡単な英語で挨拶や会話をする手立てになり，「ALTの先生と何を話したらいいかわからない」を減らすことにも役立ちます。

また，児童も，自己紹介カード（児童用）を記入することで，新年度の新しいクラスでも，クラスメイトや先生たちとの交流のきっかけを持つことができるので，おすすめです。

【アイテム】

ALT用（写真ver.）　ALT用（イラストver.）　児童用

5 振り返りファイル表紙

【準備】

振り返りファイルの表紙を印刷して，児童に配付します。

アイテムの紹介

外国語活動・外国語の授業で大切なことを，振り返りファイルの表紙を使って確認できます。

使い方

授業開きはもちろん，毎回児童と一緒に確認したい「英語を学ぶ」上で大切な3つのことがイラストで描かれています。

① Let the world hear you「自分の声を世界に発信するために」：外国語は自分の大切なもの（自分自身，友だち，夢，文化）を世界に発信するための学習です。

② Speak up, just try「まず声を出す，やってみる」：頭で考えているだけではなく，声を出すこと。難しくても挑戦してみること。自分には無理と可能性をあきらめないで。

③ Don't be afraid of mistakes「間違いを恐れない，人の間違いを笑わない」：間違いは成長のために必要で，大事な学びの経験です。

これら3つの大切なことをいつでも触れられるように振り返りファイルの表紙にします。

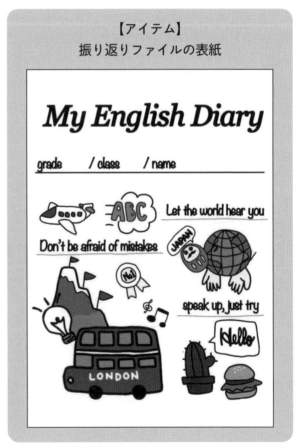

【アイテム】
振り返りファイルの表紙

教材データ

6 振り返りシート 3・4年外国語活動（例）

【準備】

振り返りシートを人数分，印刷します。

アイテムの紹介

何を振り返りとして書いたらいいのかを，シンプルに示すことがポイントです。

使い方

児童にとってはもちろん，教師にとっても，児童の授業理解度ややり取りでの感想・成果に関する情報の聞き取りとして振り返りシートは重要です。

しかし，「感想」に何を書けばいいかわからない，そう悩む児童も多くいます。「この単元にむけて」の欄では単元に入る前と後で言えるようになったことなどの知識・技能を見える化します。

振り返りの記述欄については，振り返ってほしい内容を「○○する」などのように，続き作文で指示すると，スムーズに書くことができる児童が多いです。

記述部分が多くなりすぎず，○をつけるだけでいい部分は簡素化することで児童の負担軽減にもなります。

【アイテム】
振り返りシート例（3年）

Lesson 3　　How many?　　　名前（　　　　　　　）

Study Goal 単元のめあて Unit 1 **数えて遊ぼう**

この単元にむけて

1−10まで英語でかぞえられるかな	言える・これから
11−20まで英語でかぞえられるかな	言える・これから
ABC song を歌えるかな	歌える・これから

		1h　　/	2h　　/
	Today's goal	1−20まで数えよう	数字で遊ぼう！
1	word chant / songs チャンツや歌を言えるようになった	Seven steps ABC song　△ ○ ◎	Seven steps ABC song　△ ○ ◎
2	英語絵本がわかった	1，2，3 to the zoo　△ ○ ◎	1,2,3 to the zoo　△ ○ ◎
3	たくさんの人とやりとりができた	△ ○ ◎	△ ○ ◎
4	できるだけたくさん英語を使えた	△ ○ ◎	△ ○ ◎
5	今日のじゅぎょうは、たのしかったですか？きづいたこと、言えたことなど、感そうをかきましょう	数字の英語が…	友達とのやりとりで

7 振り返りシート 5・6年外国語（例）

【準備】

振り返りシートを人数分，印刷します。

アイテムの紹介

学習を振り返る具体例を示し，主体的に学習に取り組む態度を見ることができます。

使い方

5・6年生にとって，振り返りシートは主体的に学習に取り組む態度をはかるための大切な評価材料です。

「自分の学習状況を把握し，よりよい学びのために改善しようとしているか」を児童が自然と具体的に振り返りとして書けるように，以下の振り返り項目を示して，振り返り記述欄の〇に番号を書き，その項目に関する内容を具体的に書かせます。

①今日の授業で言えるようになったこと（知識・技能について）
②今日の授業で積極的に取り組んだこと
③今日の授業で難しかったこと・どうしたら克服できるか
④友だちとのやり取りで気づいたことや友だちのよかったところ　　など

【アイテム】
振り返りシート例（5年）

8 ライティング伝票

【準備】

ライティング伝票を人数分，印刷します。

アイテムの紹介

ライティングのルール定着を目指し，教師に添削を受ける前に自己確認できるシートです。

使い方

　高学年外国語では書く活動も本格化します。「音声で十分に慣れ親しんだ簡単な語句や基本的な表現」を扱うとはいえ，子どもたちにライティングルールを徹底することは教師が予想するよりも難しく，児童の忍耐力と丁寧さが必要です。このライティング伝票を使うことで，児童は教師の添削を受ける前に，4つのルールについて自分で確認できます。書く活動は見直しが要で，この見直しを丁寧にできるかが，児童自身の今後の学習にも，教師の添削効率にも，大きく影響します。児童は添削を受ける際，この伝票を一緒に提出することで，教師は，机間巡視の際，誰が終わったのか，終わっていないかを一目で確認することができるので，個別対応もしやすくなります。

ライティングルール
①文章の最初は大文字
②単語の間はスペース
③フラフラしない（線に沿って書く）
④文章の最後はピリオド

【アイテム】
ライティング伝票

I'm writing...
① 文章の最初は大文字
② 単語の間はスペース
③ フラフラしない
④ 文章の最後はピリオド

教材データ

⑨ ライティング練習用紙

【準備】

ライティング練習用紙を人数分，印刷します。

アイテムの紹介

アルファベット（大文字・小文字）のお手本があるので，隙間時間に丁寧にライティングができます。

使い方

このライティング練習用紙は，授業の終わり5分程度で取り組むためのものです。いきなり英文を書くよりも，ステップバイステップでまずは単語から練習すると児童たちもスムーズに進めます。

「⑧ ライティング伝票」と同様，ライティングのルールを一目で確認できることに加え，アルファベット（大文字・小文字）を確認できるので，中学年から高学年まで幅広く使えます。

また単語の意味を日本語で書かせるのではなく，ワークシート左側の四角の枠に絵で描くことでより英単語の意味を印象づけて，音声を連想しやすくし，単語の定着を図れます。

振り返りファイルなどに貼っていつでも使えるようにするのがおすすめです。

【アイテム】
ライティング練習用紙

Writing Practice

ABCDEFGHIJKLMNOPQRSTUVWXYZ
abcdefghijklmnopqrstuvwxyz

4 Writing rules

大文字で始める	指1本のスペース 単語と単語の間	線に沿って 小文字ふらふらしない	最後はピリオド
I like ...	My name		

10 ALT 連絡シート

【準備】

ALT 連絡シートを ALT 来校日に合わせて印刷し，回覧できるようにしておきます。

アイテムの紹介

打ち合わせ時間が持てなくても大丈夫！ ALT も教師もこれがあれば安心です。

使い方

多忙を極める教師にとって，ALT との Team teaching のための打ち合わせ時間さえ確保することができず，授業本番で ALT との意思疎通が難しく手間取ってしまうこともあります。また，事前に授業内容や役割について情報がないまま授業にはいらなければならない状況は，ALT にとっても大変なことです。さらに，英語に不安がある教師にとっては話しながら打ち合わせをすることも難しい場合があります。

この ALT 連絡シートは，ALT 来校日までに職員で回覧し，メモとして授業内容やしてほしいこと，学校からの連絡や相談したいことが記入でき，打ち合わせの必要性を最低限にすることができます。

ALT も，出勤してすぐ予定を確認できることで，とても安心することができるそうです。

【アイテム】
ALT 連絡シート

Dear ＿＿＿＿＿＿ sensei
Today's plan (20 ／ ／ ． day)

Good morning!! Let me share today's plan with you here. Please feel free to ask me if you have any questions. I hope you will have a wonderful day today!!

	Class #	Content Unit / Lesson #, page, tests	comments
1			
2			
3			
4			
Lunch break			
5			
6			
After school			

We need to talk a little bit more about ...

notice from our school

Sincerely,
From ＿＿＿＿＿＿＿＿＿

11 授業の流れ掲示イラスト

【準備】

黒板に掲示するために拡大して印刷して，カットします。

アイテムの紹介

インプットからアウトプットへ，教師も児童もわかるように，授業の流れを見える化する掲示です。

使い方

授業の流れは，インプットからアウトプット（やり取り）へ。第二言語習得に基づいた英語教授法でも提唱されていますが，その流れが時間配分や児童の様子によって崩れてしまいがちです。

その日の授業で，何をするのか，どんなゲームがあるのかを黒板に提示しておくことで，児童も心づもりができます。また，指示を聞き逃してしまっても，この流れで今なにをやる時間かが一目でわかるので，大幅に遅れることなく，授業に参加することができます。

また教師も，授業をスムーズに進めるために，授業の流れ掲示があると落ち着いて次の活動へ移ることができます。

外国語（活動）の授業に慣れていない先生は特に，「次はなんの活動だったかな？」と混乱せずに進められるよう，毎回の掲示がおすすめです。

【アイテム】
授業の流れ掲示イラスト

12 活動見える化イラスト

【準備】

黒板に掲示するために拡大して印刷して，カットします。

アイテムの紹介

何をするのか，誰とするのかを見える化し，イラストだけで使える授業の活動提示です。

使い方

普段の授業はもちろん，パフォーマンステスト前などは，準備として必ずしも普段の授業の流れ（インプットからアウトプットへ）通りに進めるとは限りません。その際は，この活動見える化イラストでシンプルに何をするのかを掲示します。

新しい活動の説明をしている際，聞き逃した児童もこのイラストを見れば，具体的な活動の形を確認することができます。ペアなのか，グループなのか，この「誰と」の部分はよく聞き逃してしまうポイントです。何度も説明しなくていいように，この活動見える化イラストで前もって提示しておきましょう。

【アイテム】
活動見える化イラスト

13 コミュニケーションの ポイント掲示イラスト

教材データ

【準備】

黒板に掲示するために拡大して印刷して，カットします。

アイテムの紹介

　毎回児童と確認したいポイント7選をまとめています。やり取りの活動で，ミドルコメントを入れる際に使えます。

使い方

　言語情報だけでなく，ノンバーバルな要素も大事なコミュニケーションの一つです。「伝える工夫」として児童が取り組みやすいものを7つ選びました。外国語においては，思考・判断・表現や主体的に学習に取り組む態度の評価項目としても大切なコミュニケーションのポイントは必ず毎回の授業で提示しましょう。

　また，3・4年生の外国語活動でのやり取りから取り入れてほしいポイントなので，コミュニケーションのポイントを確認する際は，児童に1つずつ挙げさせるといいでしょう。気持ちのこもったやり取りをするために，これらのポイントはとても重要な役割を果たします。

【アイテム】
コミュニケーションのポイント掲示

教材データ

14 板書にプラス！ 基本動詞イラスト

【準備】

黒板に掲示するために拡大して印刷し，１つずつカットして基本動詞のカードにつけます。

アイテムの紹介

脱・日本語訳！　基本動詞はイラストで理解し，板書も整う！　掲示する単語カードにプラスできます。

使い方

小学校の外国語（活動）は，読む活動は音声で十分に慣れ親しんだものを取り扱うこととなっていますが，日々の板書では表現を紹介するために英語表現を書き，児童はそれをたよりに音声を練習することになります。その際，単語の下に日本語を書いたり，何も書かずに単語だけを提示したりすると，混乱のもとになり，板書も整わなくなります。日本語と英語の特徴的な違いとして，文中の動詞の現れる場所にあります。英語では文章の前方に動詞がくることが理解できるよう，どうしても押さえてほしい基本動詞のイラストを作りました。動詞の単語カード（掲示用）にプラスして児童の理解を深める手立てにお役立てください。

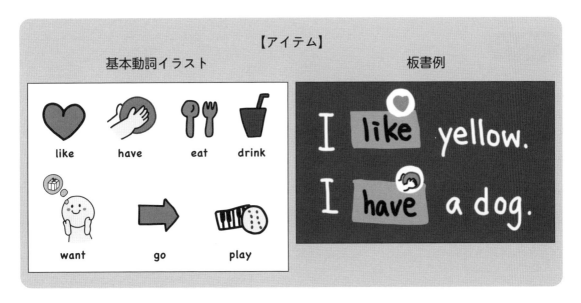

15 What's missing?

【準備】

単語フラッシュカードを準備します。その単元で学習する単語の発音を確認します。

ゲームの紹介

　低学年や３年生にぴったりな定番の単語ゲーム。簡単で盛り上がるから児童も先生役にチャレンジできます。新しい単語を導入するとき，発音練習や音と意味の関連づけに楽しいゲームを取り入れるのがおすすめです。この活動はとてもシンプルで定番の遊びです。混乱するポイントが少なく，指示もジェスチャーで伝わるので，オールイングリッシュで３年生や低学年など，英語学習の経験が短い学年で取り入れるといいでしょう。

進め方

　発音練習をした単語のフラッシュカードを黒板に並べ，もう一度発音を確認します。その後，児童に目を閉じさせ教師は掲示したカードの中から１枚はがします。児童は目を開け，なくなっているカードを当てます。その際，全員でその単語を一斉に言わせるようにしましょう。慣れてきたら，はがすカードを複数枚にしたり，児童を前に出させて，先生役をさせたりすると難易度が上がりさらに盛り上がります。

ポイント

What's missing? で使える Classroom English をご紹介します。

① Let's play "what's missing?" game.　　What's missing? ゲームをしましょう。
② Let's check these words again.　　もう一度単語を確認しましょう。
③ Can you close/open your eyes?　　目を閉じ / 開けましょう。
④ Don't cheat!!　　見たらだめですよ。
⑤ Who wants to pick up a card for me?　　先生の代わりにカードを選びたい人はいますか。

16 もっとやりたい！が止まらない
Keyword game

【準備】

　フラッシュカードと消しゴムを準備します。その単元で学習する単語の発音を確認します。児童はペアで向かい合って座り，真ん中に消しゴムを置きます。

ゲームの紹介

　定番の Keyword game をアレンジした活動です。アレンジすると集中して指示を聞く力もつきます。Keyword game は，単語のリピートがたくさんできることが一番の強みです。なかなか発音が定着しないな，というときに取り組むといいでしょう。

進め方

　基本的なやり方は，英単語フラッシュカードを黒板に掲示し，キーワードを１つ選びます。そして教師が単語を言い，児童にリピートさせ，キーワードの単語を言ったときに，机の真ん中に置いてある消しゴムを早取りします。

ポイント

①リズムとテンポ

　T：Rabbit!　Ss：Rabbit!　T&Ss：（手拍子２回）のように，リズムとテンポよく行います。

②譲り合い

　負けた児童の方へ消しゴムを近づけてハンデをあげます。

③目を閉じる

　リピートのときに目を閉じさせるとよく指示を聞くようになります。

④動物の鳴き声とジェスチャー

　手拍子の代わりに動物の鳴き声とジェスチャーにすると盛り上がります。

17 どんじゃんけん

【準備】

単語フラッシュカード（チーム分）を準備します。その単元で学習する単語の発音を確認します。5人程のグループを作ります。

ゲームの紹介

体育でおなじみのゲームを単語学習でも使います。単語全部を言わないと進めない！ さらにタスクをプラスしてレベルアップもできます。

進め方

単語フラッシュカードを一列に並べ，それぞれのチームはフラッシュカードの両端（陣地）に並びます。合図をしたら，先頭の児童は，カードの英語を発音しながら中央へ進み，出会ったところでじゃんけんします。勝った方はさらにカードの単語を言い相手陣地へ進みます。負けたらチームのもとに戻り次の人が最初から単語を言って中央に進みます。相手チームの陣地に着いたら勝ちです。

ポイント

カードの途中で障害物競争のように，タスクを設置すると盛り上がります。

たとえば，魚釣りゲームや，積み木，メンコ，お箸で豆つかみ，など遊び要素を取り入れると，英語力の差で決着がつかないので盛り上がります。

18 なんでもできる Gesture game

【準備】

　フラッシュカードを準備します。その単元で学習する単語の発音を確認します。座席の列や号車でチームを作っておきます。

ゲームの紹介

　動詞も名詞もジェスチャーで楽しくできる，インプット重視の英語が苦手な児童も参加しやすいゲームです。

進め方

　動詞はもちろん，動物，形，職業，学校行事など，単語学習にぴったりなゲームです。たとえば，動物の単語導入をした後，それぞれの動物を表すジェスチャーを考えさせます。その後チームごとに前に出ます。1人が，教師が提示する動物をジェスチャーで表し，残りの児童はそのジェスチャーを見て，なんの動物かを当てます。制限時間（1分程度）を設けて，何問正解できたかで競います。

ポイント

　英語の単語クイズをしようとすると，発話中心のものが多いですが，単元導入時で学習経験が浅い言語材料を扱うときや，英語が苦手な児童がいるクラスの場合は，この Gesture game が効果的です。発話ではなく，ノンバーバルな表現で単語を伝えるので児童へのプレッシャーが少なくて済みます。

19 Many ears

【準備】

　フラッシュカードを準備します。その単元で学習する単語の発音を確認します。座席の列や号車でチームを作っておきます。

ゲームの紹介

　どんな単語でも遊べて，英語力で差がつきにくい！　コミュニケーションのポイントが決め手のゲームです。

進め方

　その単元で習う英単語が大体言えるようになった単元で遊ぶのがおすすめです。順番で | チームずつ前に出ます。そのうち | 人が目を閉じ，残りの児童は，教師が | 人に | つずつ指示した単語を合図とともに一斉に言います。目を閉じていた児童は，なんの単語が言われたかを発表し，正解した数だけ得点することができます。

ポイント

　このゲームでは，相手に "clear voice" で伝えることが要です。また聞き役の児童もしっかり聞く姿勢を整えなければいけません。これらは，外国語（活動）を通して養いたいコミュニケーションのポイントです。大きな，はっきりした声で伝えることが苦手な児童が，どれくらいの声で言わなければ伝わらないか，を体感できる最適な練習です。

20 カウボーイゲーム

【準備】

フラッシュカードを準備します。その単元で学習する単語の発音を確認します。クラスを半分に分けて2チーム作ります。

ゲームの紹介

カウボーイみたいに瞬発力が勝負！　特に元気いっぱいの児童に人気な単語学習ゲームです。

進め方

各チーム1人ずつ前に出て，教師はフラッシュカードを1枚ずつ渡します。お互いのカードを見ないように指導します。カードを持ち，背中合わせに立ち，教師とクラス全体で3・2・1とカウントダウンをします。そのカウントダウンにあわせて，お互いに一歩ずつ前に進み離れていきます。1になったところで振り返り，相手のチームの児童が持っているカードに書かれた絵を英語で答えます。先に単語が言えた方が勝ちになり，そのチームにポイントが入ります。

ポイント

元気いっぱいの児童は勝負が大好きです。このゲームをすると驚くほど授業への参加度が上がります。ただ白熱しすぎて喧嘩になったり，控えめな児童の参加を強制したりしないよう配慮しましょう。

21 Chopstick game

【準備】

　フラッシュカード，お箸，お皿2枚と小さなおもちゃ（2セット）を準備します。その単元で学習する単語の発音を確認します。クラスを半分に分けて2チーム作ります。1枚のお皿におもちゃを入れておきます。

ゲームの紹介

　英語力よりもお箸スキルが必要⁉　英語力の差は関係ない，全員楽しめるゲームです。

進め方

　各チーム1人ずつ前に出て，教師が指定した単語を英語で言います。その後，お箸で小さなおもちゃを一つのお皿からもう一方のお皿に移します。移せたら自席に戻り，次の児童が前に出て上記を繰り返します。よりはやくチーム全員が終わった方が勝ちです。

ポイント

　英語力よりも，お箸の使い方が決め手となるので，英語力の差で勝負がつきにくく，全員参加できて盛り上がります。スピード勝負で，一人ひとり入れ替えでプレイするので，次の人と交代するのは，「前の人が自席についてから」と指示すると，押し合うことなく落ち着いて遊ぶことができます。普段の授業でももちろん，動きが少ないなと感じた授業や，学期末レクリエーションなどにこのアクティビティを取り入れてみてください。

22 ○○ニョッキ！

【準備】

その単元で学習する単語の発音を確認します。定着させたい単語数に合わせて，班，号車，列などでグループ分けしておきます。

ゲームの紹介

準備なし！　その場で遊べる簡単なゲームです。「順番」に早い者勝ちで言いましょう。「月」「曜日」「ABC」「数字」など，順番がある単語学習に最適です。

進め方

グループで輪になり，単語のジャンルを言って掛け声を全員で言います。たとえば，「曜日」なら，「曜日・曜日・ニョッキッキ！」と全員で言い，早い者勝ちで "Sunday!" とニョッキポーズをして言っていきます。最後の "Saturday!" になってしまったり，誰かと同時に同じ曜日を言ってしまったりすると負けです。

ポイント

曜日なら大体 "Sunday" "Monday" に集中します。なかなか最後まで続かないグループも出てきてしまうので，グループを回りながら，「最後まで頑張って言ってみてね」と声掛けをしてみてください。日本語でもおなじみのゲームなので，混乱なく楽しんで取り組める児童が多いです。

23 Bomb game

【準備】

箱もしくはボールとタイマーを用意します。その単元で学習するセンテンスを確認します。

ゲームの紹介

ハラハラドキドキ！　魔法のように英語が言えるようになるゲーム。どんな単元でも，どの学年でも使えます。センテンスのパターン練習として最適な Bomb game。特に少し長い英文（主語＋動詞＋副詞 / 前置詞句）の練習に最適です。

進め方

教室の端に座っている児童に，Bomb に見立てた箱，またはボールを渡します。タイマーで制限時間（30人クラスで2分30秒くらい）をセットし，言語材料となる英文を言ってから次の児童に Bomb を渡していきます。制限時間になり，タイマーが鳴っているときに Bomb を持っている児童は，"Oh, no!" と言います。

ポイント

ただ同じ文章を言わせるのではなく，児童たちが少しだけ単語を変えられるようなセンテンス練習にすると，クラス全体の聞く姿勢が整います。最初の児童に Bomb を渡すときは，教師は疑問文で言うといいでしょう。たとえば，"What time do you usually get up?" と言って Bomb を渡し，児童はそれぞれ自分の起きる時間に変えてセンテンス練習をします。ALT や TT など複数の教師が授業に携わる場合は，児童の活動に参加し，"Let me think ... Umm ..." などと言いながら，わざと考える時間を多めにとると「先生，はやく！」と児童も盛り上がります。

24 Total Physical Response

【準備】

その単元で学習するセンテンスを確認します。

ゲームの紹介

インプット重視！ 体を動かし英語を理解する活動です。ゲームにアレンジすると白熱します。

Total Physical Response（TPR）は，日本語で全身反応教授法と呼ばれ，教師の英語の指示にジェスチャーで反応して表現するものです。児童は教師の "Touch your head!" などの指示に対してリピートしたりすることなく，体で答えるので，単元最初の活動として，英語不安軽減として，効果的な教授法です。また TPR は，第二言語習得論で，最も基本とされる「理解可能な十分なインプットの必要性」を基本としており，児童のレベルによってアレンジすることで難易度を調整できます。前置詞単元（Put your pencil under the textbook），形容詞など動詞以外でも使うことができます。

進め方

以下の手順で行います。

①教師が英語を言いながらモデルを見せます（児童は見ている）。

②教師と児童が一緒に行います（児童は発話しない）。

③教師の指示に，児童だけで反応します（児童に発話を強制しないが，言ってもよい）。

ポイント

以下のようなアレンジができます。

① Simon says

教師が英語で指示する際，"Simon says" と言ったときだけ，児童は反応します。Simon を教師の名前にするといいでしょう。

② Mr. cup

ペアになり，間に Mr. cup（紙コップまたはそれに代わるもの）を置きます。学習する英語表現に加えて，"Pick up!" と，教師が言ったときに Mr. cup を早取りします。

教材データ

25 フォニックスかるた

【準備】

フォニックスかるた（大文字・小文字）を印刷します。アルファベット A-Z（a-z）のそれぞれのフォニックスをかるたの絵と単語に対応させて練習します。

アイテムの紹介

上の句・下の句でフォニックスかるたをします。文字認識とフォニックス，英単語の３つを同時にマスターできます。

使い方

フォニックス学習は，未習単語の読み方を想像したり，ローマ字読みを脱却したりすることが期待されます。普段の授業で，歌やチャンツを使ってフォニックスに慣れ親しむ時間を確保しましょう。

まず，グループ（班やペア）でフォニックスかるたを机の上にランダムに並べます。以下のような手順で教師が上の句を言い，児童は下の句を言いながらかるたを早取りします。

＊活動例＊

T：A is for apple.［上の句］

Ss：a, a, apple!!［下の句］（カードを取る）

かるたには，英単語と絵が記載のもの，英単語が記載されていないものの２種類あります。レベルや学習内容の焦点に合わせて使い分けてください。

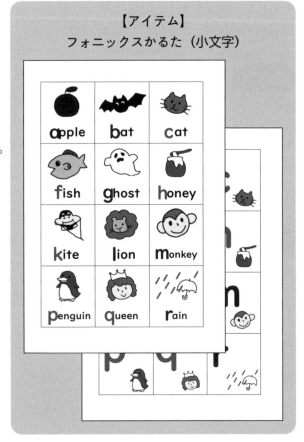

【アイテム】
フォニックスかるた（小文字）

26 ぴょこぴょこABC

【準備】

教科書などの音声教材「ABC song」を準備します。

ゲームの紹介

歌うだけなんてもったいない！ 歌って動いて音声認識できる，隙間時間にぴったりな活動です。ABC song に合わせて，児童が立ったり座ったりします。外国語活動や5年生の1学期などアルファベット学習初期におすすめです。

進め方

まず，児童は自分の名前の頭文字のアルファベットを確認します。たとえば，「Maki」ならアルファベット「M」です。次に，ABC song を流し，クラス全体で歌いながら自分のアルファベット「M」のときに立ち，すぐに座ります。自分の名前のアルファベットのタイミングを合わせるために，音声や文字に注意して聞き参加する効果があります。慣れてきたら，担任の先生の文字をプラスしたり，立つだけでなくジャンプなどの動きを加えたりするなど，さらに活発な活動になるのでおすすめです。

ポイント

まずは，「ABC song を歌えるようにさせたい」「ABC の順を定着させたい（特に LMNOP）」がねらいのときにおすすめです。3年生でローマ字を習ったらすぐにできる活動なので，早めからこの活動を始めていきましょう。

27 Dot to Dot ワークシート

【準備】

Dot to Dot ワークシートを印刷して配付します。

アルファベット（大文字・小文字）を確認します。

アイテムの紹介

歌いながら楽しく線つなぎでき，宿題や自習教材，テストの待ち時間などに楽しく取り組めます。

使い方

アルファベット A-Z の音声がしっかり定着したことが確認できたら，次は文字認識の活動としてこの Dot to Dot を取り入れます。個人で進める教材なので，自習教材やテストの待ち時間などに活用するのがおすすめです。はやく終わった児童は色を塗ったり，単語の書き写しの練習ができるようになっています。

【アイテム】

Dot to Dot ワークシート

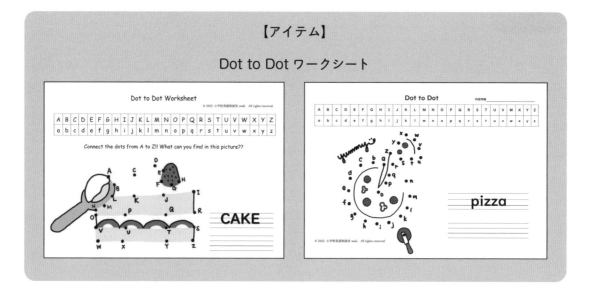

教材データ

28 ちょこっとライティング

【準備】

ちょこっとライティングを人数分印刷します。単元で学習する新出単語を音声で十分に慣れ親しんでおきます。

アイテムの紹介

授業の最後５分にちょこっとライティングでき，絵と英単語で自分だけのオリジナル単語集が作れます。

使い方

ちょこっとライティングのプリントを振り返りファイルなどに貼っておくと，いつでも取り組めるのでおすすめです。

授業の最後５分に，また少しクールダウンしたいときに最適なライティング学習。音声で十分に慣れ親しんだ単語を数回練習したり，言えるようになった文章を練習したりすることができます。アルファベット一覧とライティングルールも書かれているので，自分で確認しながら練習します。

４線の左の四角にはその単語を表す絵を描きます。こうすることで，英単語をイメージでとらえ，日本語⇔英語の暗記を防ぎます。

**【アイテム】
ちょこっとライティング**

教材データ

29 アルファベットドリル（大文字）

【準備】

アルファベットドリル（大文字）を印刷し，冊子にして人数分配ります。

アイテムの紹介

アルファベット（大文字）をコツコツ練習するドリルです。アルファベット認識と練習で中学年から使えます。

使い方

中学年の『Let's Try!』アルファベット単元から，また高学年は長期休み課題に最適なアルファベットドリルです。

アルファベット学習は後の英単語の読み書き能力の発達に大きな効果が認められています（Allen-Tamai, 2006）。まずはA-Zをしっかりと認識し，読めるようになり（発音），書けるようになることをこのドリルで目指します。

自主学習として楽しんで積極的に取り組む児童が多いです。

【アイテム】
アルファベットドリル（大文字）

A | Circle "A"

A	B	C	T	D
V	Y	W	A	P
R	I	A	L	A

Write A 5 times.　　1　　2　　3　　4　　5

B | Circle "B"

C	B	D	T	B
V	Y	E	A	K
R	B	E	L	A

Write B 5 times.　　1　　2　　3　　4　　5

【参考文献】
Allen-Tamai, M. (2006) Alphabetical knowledge among Japanese young learners of English. ARCLE REVEW. No.I. pp.72-81. ベネッセ教育総合研究所.

30 アルファベットドリル（小文字）

【準備】

アルファベットドリル（小文字）を印刷し，冊子にして人数分配ります。

アイテムの紹介

アルファベット（小文字）をコツコツ練習するドリルです。アルファベット認識と練習で中学年から使えます。

使い方

29のアルファベットドリル（大文字）の小文字バージョンです。

こちらは，4年生のアルファベット単元から高学年向きの教材です。

小文字の学習は，書く活動をたくさん取り入れることで，紛らわしい文字の区別に気づきやすくなります。

このドリルでもアルファベット認識の問題（"Circle ○"）の箇所で紛らわしい文字をたくさん取り上げています。

大文字に比べると少し丁寧さと注意深さが必要なので，できたらたくさん褒めてあげましょう。

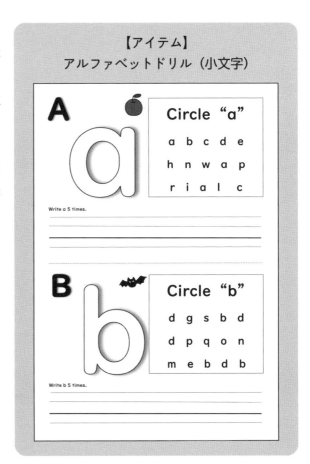

【アイテム】
アルファベットドリル（小文字）

31 アルファベットを探そう！

【準備】

使用学年やレベルに合わせて大文字か小文字かを選び，人数分印刷して配付します。

アイテムの紹介

「どこにあるかな？」とアルファベットを探します。一人で取り組めるので，自習教材にぴったりです。

使い方

絵の中にアルファベットが隠れています。プリントの単語欄リストを参考に探していきます。見つけたらアルファベットに色を塗っていきます。アルファベットを探すだけなので，教師の指導がほぼいりません。

友だち同士でアルファベットに対応する単語の発音を確認し合うとさらに盛り上がります。

【アイテム】

アルファベットを探そう！シート（大文字・小文字）

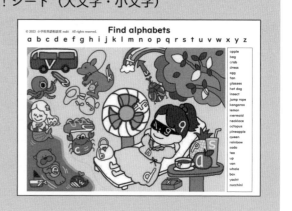

32 ライティング＋ちょこっと考える

【準備】

人数分印刷して配付します。

アイテムの紹介

単なる書き写し防止になる，ちょこっと考えながら取り組む書く活動です。

使い方

高学年の児童で，特に英語に苦手意識がある児童は，ライティング練習というと手の運動のようにただ書き写して課題を終えることだけに意識を向けがちです。それを防ぐのがこのライティング練習です。それぞれの絵に対応する単語を単語リストから選んで書くのですが，答えを書く欄には頭文字が書かれています。音声として認識できていても，文字で認識できていない単語でも，頭文字をたよりに答えることができます。「どれだろう？」「これかな？」と考えながら，日々のフォニックス学習もヒントに取り組むことができるワークシートです。

【アイテム】

ライティング＋ちょこっと考える

教材データ

33 先生になりきり！ライティング

【準備】

ライティングシートを印刷して人数分配ります。

アイテムの紹介

今日は先生役！　間違いはどこかな？　ライティングの間違いへの気づきを促し定着につなげます。

使い方

書く活動を続けていても，ライティングルールがなかなか定着しない場合もあります。教師が指摘しても効果がない場合は，本人の気づきを促すといいでしょう。

そこで，このライティング練習では児童が先生になりきって間違いを見つけて正しく訂正します。先生役で「赤鉛筆を持って！」と言うととっても目を輝かせる児童たち。「ここが違うんだなぁ」と言いながら張り切って取り組んでくれます。「下段はお手本を書いて」と指示すると丁寧に取り組みます。

＊解答例＊

・I can play tennis（ピリオドを加える）

・he is a teacher.（文頭を大文字に）

・My name is taro sato.（名前の頭文字は大文字に）

・I goto school at 8:00.（go と to の間にスペース）

【アイテム】
先生なりきり！ライティング

34 「もし世界が100人の村だったら」

【準備】

Jackie MacCann. (2021). If the world were 100 people. Red Shed の絵本を用意します。朗読を行います。

ゲームの紹介

「もし世界がこのクラスだったら…」と考え，なぜ英語を学ぶのかを体感する活動です。「なぜ英語を学ぶのか」理屈で説明したり，必要性を説いたりするよりも，小学生にとっては英語を話せるようになるとどうなるのかを体感した方が理解しやすいです。4月の授業開き，特に3年生ではこの絵本を読み，世界にはどのような人がいるのか（多様性），どのような暮らしがあるのか（国際理解），考える機会にしています。この絵本には，世界の言語についても書かれています。〇〇億と数字が大きいと感覚もわからず3年生は未習の場合があるので，割合を算出し，「もし世界がこのクラスだったら」という活動をしています。

進め方

世界の人口（約80億）のうち，英語を母語としている人は約3.7億人。30人クラスに換算すれば，1人程です。ほかの言語も同様に算出します。しかし，英語を会話言語として使用している人口は，約20億人。クラスで換算すれば，5人に増えます。インターネット上で英語を使用している全人口となるとさらに人数は増えます。ほかの言語も同様にするといかに英語が多くの人によって会話言語として使われているかがわかります。

ポイント

児童たちは自分たちのクラスを小さな世界にイメージして，絵本で読んだような「電気がない生活」「学校にいけない世界の子どもたち」などを自分や友だちに置き換え，身近に感じるでしょう。英語が話せると，困っているクラスメイトを助けられるかもしれない，一緒に勉強できるかもしれない，一緒に遊べるかもしれない，とさらに国際理解につながります。

教材データ

35 復習スゴロク（3・4・5・6年）

【準備】

スゴロクとサイコロ，自分のコマ用の消しゴムを用意させ，英語表現を確認します。

アイテムの紹介

長期休暇明けの授業開きは，グループで協力するスゴロクで既習表現を友だちと確認します。

使い方

休み明けの授業開きでは，スゴロクを使って習った英語表現を思い出すのが効果的です。スゴロクを使ってグループ全員で協力し合って確認することができるので，思い出してから定着まで成功することが多いです。スゴロクは目安学年として，1マスのタスクや質問が違います。クラスや児童たちの状況に合わせて，使用学年のスゴロクを選んでください。

・いもむし：イモムシの口のマスに止まったら，しっぽの部分のマスへ戻る
・はしご：はしごにあるマスに止まったら，上下ともに移動できる
・滑り台：上から下へ移動する
・橋：GOAL へ移動できる

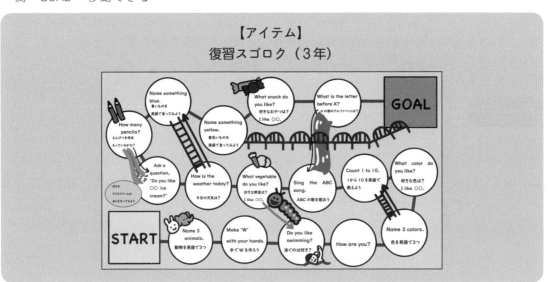

【アイテム】
復習スゴロク（3年）

Chapter **2**

外国語活動の
アイテム＆ゲーム

36 Unit I
国旗マッチング

【準備】

　副教材の巻末にある国のカードなどをそれぞれ半分に切ります。100円ショップで販売されている国旗カードを活用すると便利です。活動前に，世界の国旗，国名，挨拶を確認しておきます。

ゲームの紹介

　世界の挨拶をしながら国旗を完成させて交流をする活動です。

進め方

　教師は，半分になった国旗を1人1枚ずつ配付します。その際，友だちに自分のカードを見せないように指示します。配られた国旗に合う挨拶で，クラスメイトにたくさん挨拶をして回り，自分の持っている国旗の残りの半分を持っているパートナーを探します。見つけたら，教師のところへ一緒に行き，3人でその国の言葉で挨拶をします。

ポイント

　Unit Iのこの活動は，クラス替えをして間もない時期にぴったりの活動です。パートナーを探す，という目的でたくさんのクラスメイトに話しかけることができます。また，パートナーを見つけた2人組で教師のところに挨拶に行くので，教師も一人一人と交流することができます。

教材データ

37 Unit 2 感情表現イラスト

【準備】

感情表現のイラストを印刷して掲示します。

アイテムの紹介

"How are you?" の問いかけに一目で選んで答えられるようにサポートする教材です。

使い方

Unit 2 では "How are you?" とその答え方を学びます。

ここで様々な感情表現を学ぶ一方で，授業を重ねていくうちに，だんだんと "How are you?" の答えが "I'm hungry." や "I'm sleepy." ばかりになっていきます。

毎回授業の挨拶として使う "How are you?" のやり取りなので，この一覧を黒板や掲示板に掲示していつでも見られるようにすると，答えのバリエーションを保つことができます。

【アイテム】
感情表現イラスト

049

38 Unit 2 How are you? じゃんけん

【準備】

37の感情表現イラストを掲示し，感情表現の英語を確認しておきます。

ゲームの紹介

"How are you?" でじゃんけんをして，ジェスチャーと英語を練習します。

進め方

この活動は，感情表現とジェスチャーをたくさん言うことができるので，Unit 2の導入の活動としておすすめです。それぞれの感情表現にジェスチャーを決め，全員で確認します。以下のように，このじゃんけんの掛け声を，"How are you?" とし，その後それぞれが思う感情を１つ選び先ほど決めたジェスチャーをして言います。相手と同じジェスチャー（あいこ）になったら成功です。

A & B：How are you?
A：I'm happy!（happy のジェスチャーをする）
B：I'm happy!（happy のジェスチャーをする）
→成功

ポイント

最初は，教師対クラスで練習するとよいでしょう。
「３回あいこになるまで１対１でやり取りしましょう！」
などと目標を提示すると盛り上がります。

39　Unit 2　How am I?
私はどんなきもちゲーム

【準備】

顔（口元）を隠すための紙や教科書を用意します。感情表現を確認しておきます。

ゲームの紹介

クラスメイトとのアイコンタクトだけで感情を当てるゲームです。

進め方

この活動では，感情表現の英語だけでなく，アイコンタクトの練習も兼ねています。"How are you?" と一人が聞いた後，相手は紙や教科書を使って口元を隠し，"I'm ..." だけ言い，決めた感情に合う表情をします。質問した児童は，どの感情なのかを当てるゲームです。

A：How are you?
B：I'm ...（great の表情をする）
A：Happy?
B：No!

ポイント

"Are you sad?" のような疑問文はこの段階では求めず，"Sad?" と単語だけで当てるよう指示しましょう。この活動を通して，表情を豊かに表現する練習ができるので，児童も大きく表現するようになります。

40 Unit 2 Emotional management シート

【準備】

Emotional management シートを人数分印刷しておきます。感情表現を確認しておきます。

アイテムの紹介

　気持ちが落ち着かないときに役立つオリジナルアイテムです。３年生はまだまだ気持ちのコントロールがうまくいかないときもあります。困ったときに自分の気持ちの静め方を考える機会として Unit 2 の "How are you?" の単元におすすめの活動です。

使い方

　まずは，２枚の円と，点線で囲まれたアイテムを切り取ります。Emotional management と書かれた方は，1/4を線の部分で切り落とします。４つの感情が書かれた円には，イラストを描き，顔を完成させます。上から，Emotional management の表紙，感情が書かれた円，白紙の円を３枚合わせます。感情に合わせて，点線で囲まれたコントロール法を切り抜き，貼ります。

　海外では，授業の一部として Emotional management について学びます。自分の気持ちと向き合う機会を外国語活動で持てると素敵です。

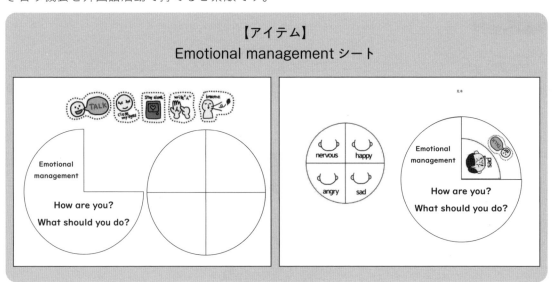

【アイテム】
Emotional management シート

41 Unit 3
体力勝負な10 steps

【準備】

副教材に収録されている歌。数字1〜20の英語を確認しておきます。

ゲームの紹介

体を動かして英語の数字の歌を楽しみます。全身を使って数字を学びます。

進め方

1〜20の数字が歌われる『Let's Try! 1』に収録されている歌は，ただ座って歌うだけよりも，体を動かした方が盛り上がります。

1〜20のうち，いくつかの数字に1つずつ体の動き（jump/clap/turn around/touch the floor など）を指定し，動作を行いながら歌を歌います。児童のレベルや様子によって動作の数を調整してください。低学年にもおすすめです。

例：2，4は手拍子，7でジャンプ，8は両腕を左に伸ばす，10でくるっと一回転します。

1	2	3	4	5	6	7	8	9	10

ポイント

教科書に収録されている10 stepsの歌では，8，9，10が2回繰り返されますので，あまりたくさんの動きを入れすぎないようにしましょう。

42 Unit 3
10 seconds Olympic

【準備】

ストップウォッチやベルを用意します。数字1〜10の英語を確認しておきます。

ゲームの紹介

ペアやクラスで楽しめる1〜10の数字ゲームです。体内時計が大活躍！　ぴったり10秒を目指します。

進め方

1〜10の数字を，時計を見ずにカウントアップします。10秒になったと思ったらベルを鳴らし，ペアやクラスでもっとも10秒に近いタイムを競います。

ポイント

英語力で勝負の差が出ないことや，ベルを鳴らすだけなので，発言するのがはずかしい児童におすすめのゲームです。Unit 3の第1時や，低学年，少し時間が余ったときのアクティビティとしておすすめです。

43 Unit 3 Make 15 seeds

【準備】

Make 15 seeds のカードを印刷しておきます。数字 1〜15の英語を確認しておきます。

アイテムの紹介

数字の11から，読み方の規則性が難しいものがあり，特に「15」は，多くの児童が「ファイブティーン」と誤った発音で定着してしまうことがあります。

15になるパートナーを探すマッチングゲームは，スイカの種が全部で15になるペアを見つけ，15の言い方を集中特訓するのがねらいです。

使い方

このマッチングゲームは，スイカの種が全部で15になるペアを見つけて15の集中特訓をするのがねらいです。

スイカを線で半分に切り，児童に配ります。15になるペアを探すよう指示し，"How many?" でやり取りをさせます。15になるペアを見つけたら，教師のところへ2人で行きカードを返却します。その際，教師は2人に15を発音させるとチェックすることができます。

やり取りの間も，英語でスイカの種を数えるよう指示し繰り返し数字の英語に触れられるようにしましょう。

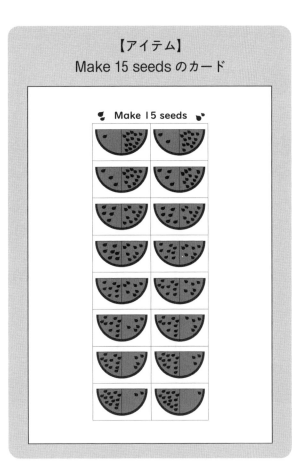

【アイテム】
Make 15 seeds のカード

教材データ

44

Unit 3
Telephone number シート

【準備】

Telephone number シートを人数分印刷します。数字１〜10の英語を確認しておきます。

アイテムの紹介

電話をかけてクラスメイトに挨拶しながら，数字をランダムで聞いたり言ったりする練習ができます。

使い方

１から順に数字を言うことに慣れさせたら，ワークシートの Your number の下２桁に自分の出席番号を書かせます。その後，以下の手順で進めます。

T：Now, tap the telephone number I will say. 042, 332, 9801.

T&Ss：プルルルル…　Hello!

S（出席番号が01の児童）：Hello! It's（name）speaking.

T&Ss：How are you?

S（出席番号が01の児童）：I'm good. Thank you!

【アイテム】
Telephone number シート

Telephone number

Your number

042 - 332 - 98 ＿＿

出席番号を
書きましょう

みんな：Hello!
かかった人：It's ○○ speaking.
みんな：Hi, how are you?

教材データ

45 Unit 4
英語絵本 "What color, Reon?"

【準備】

"What color, Reon?" のオリジナル英語絵本を教室での朗読用に大きめに印刷しておきます。

アイテムの紹介

　児童とコミュニカティブなやり取りができる，第二言語習得理論に基づいて作った絵本です。最新の第二言語習得理論によると，英語の習得にはコミュニケーションのコンテクストで「理解可能な」「豊富な」インプットが必要であると考えられています（Benati, 2020）。従来の言語知識を伝える指導やかけ流しなどの一方通行のリスニングではなく，教師児童間のコミュニケーションを確保できます。

使い方

　英語が苦手な先生もスクリプトを読むだけで児童とコミュニカティブな活動ができ，シンプルな内容とたくさんの繰り返しで児童も楽しくインプットの活動ができます。ワークシートもついているので，アウトプットにもつなげてください。

【参考文献】

Benati A. G. (2020). Key questions in language teaching an introduction. Cambridge University Press.

【アイテム】
"What color, Reon?" の英語絵本

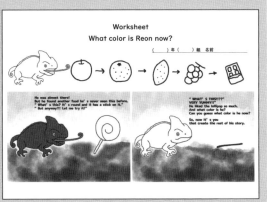

46

Unit 4
Color touching game

【準備】

英語の色の言い方を確認しておきます。

ゲームの紹介

　教師が指定した色を児童が教室内で探しタッチするゲームです。定番のゲームで色 ×TPR の活動ができます。

進め方

　体を動かし，教師が言う色を教室内で探し素早くタッチします。シンプルなゲームで児童も混乱なく遊べるので，色の言い方の導入時におすすめです。

ポイント

　アレンジするとさらに盛り上がります。

アレンジ① ２色同時タッチ

　"Touch something yellow and red!" のように，２色同時に指定すると盛り上がります。

アレンジ② Simon says

　教師が，"Simon says, touch something blue." と "Simon says" と言ったときだけタッチすると児童たちはより楽しみながら教師の指示を聞くようになります。

アレンジ③ TPR

　"Touch your head." や "Clap your hands." などの動作を交えた TPR を取り入れます。

Unit 4
color/animal/sport basket

【準備】

その授業で取り上げるもの（色・動物・スポーツなど）のカードを児童に配ります。
人数分－１の椅子を用意し円になるように並べます。

ゲームの紹介

語彙を定着させる，単語だけでできる，盛り上がり間違いなし！　のいろいろと使えるバスケットゲームです。

進め方

日本語の遊びでもあるフルーツバスケットを英語でも簡単に行うことができます。その授業で取り上げる題材のカードを児童に配り，以下のように円になって座って遊びます。

T：Peach!（→桃のカードを持っている児童だけが立ち，席替えする）
S（座れなかった児童）：Strawberry! ...

ポイント

全員席替えをしたいときは，"color / animal / sport basket" と言います。ALT の先生とも単語だけで楽しく遊べるゲームなのでおすすめです！

教材データ

48 Unit 4
お野菜・果物ちゃんかるた

【準備】

お野菜・果物ちゃんのかるたを印刷してカットし，グループ分用意します。

アイテムの紹介

　語彙を定着させる，単語だけでできるゲームで使える，野菜と果物のかるたです。いろいろな遊び方ができます。

使い方

　教師が言ったものを取るかるたとして，また2セット用意して神経衰弱としても遊べます。野菜・果物の名前だけではなく，色でペアを作る遊びもできます。

　果物に比べて定着が難しい野菜も楽しく遊びながら定着させましょう。

T：Pick up yellow fruits!

S1：Lemon!（単語を言いながら取る）

S2：Banana!

【アイテム】
お野菜・果物ちゃんかるた

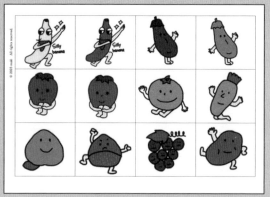

教材データ

49 Unit 4 こんなアイスクリーム好き？

【準備】

こんなアイスクリーム好き？のワークシートを人数分印刷して配付します。

アイテムの紹介

Unit 4 のまとめとして，オリジナルアイスクリームを伝え合う活動で使えるアイテムです。

使い方

Unit 4 では，色，動物，食べ物，スポーツを学びます。最後のまとめとして，好きなもので
オリジナルアイスクリームを作ります。食べ物だけでなく，動物やスポーツの色・形をしたア
イスができると，「これは何味？」とやり取りも盛り上がります。

児童のクリエイティブな発想で楽しい作品がたくさん見られるので児童も教師も新鮮な気持
ちで活動できます。

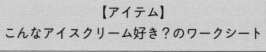

教材データ

50 Unit 5 算数 × 外国語で インタビュー活動

【準備】

インタビュー活動のワークシートを人数分印刷して配付します。

アイテムの紹介

好きなものインタビューをして表とグラフを完成させるアイテムです。

使い方

Unit 5 では，好きなものを尋ねる疑問文の練習が中心です。とても便利な疑問文で，高学年でもよく使う英語表現なので，ぜひここで定着を固めたいところです。

3年生では I 学期の算数の学習で，表とグラフが取り上げられるので，それを活用したインタビュー＆集計の活動がおすすめです。

まずは，その時間に取り上げる題材のワークシートを配り，クラスで一番人気のものの予想を立て，それが合っているかを "What ○○ do you like?" でインタビューしていきます。その結果を表にまとめ，棒グラフにして完成です。

この単元では，なるべくたくさんやり取りをすること（量）を意識すると，今後の外国語活動の授業内でのやり取りへの積極性へつながります。

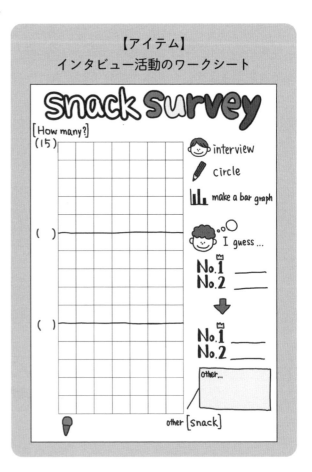

【アイテム】
インタビュー活動のワークシート

51 Unit 5 大忙しなリズムゲーム

【準備】

班やグループに分かれて円になって座ります。

ゲームの紹介

テンポを崩さず友だちの質問に答えてまた質問するゲームです。Unit 5のまとめとして，様々な疑問文を作って答えます。

進め方

Unit 5では "What ○○ do you like?" の疑問文を学びます。この形に慣れてきたら，リズムゲームがおすすめです。手拍子をしながら，リズムをつけて友だちに，"What（color）do you like?" と聞き，聞かれた友だちは，手拍子の後に "I like（blue）." と答え，休みなく次の友だちに質問していきます。リズムが崩れてしまったら再挑戦です。

S1：What color do you like? [clap] [clap]
S2：I like blue. What sport do you like? [clap] [clap]
S3：I like soccer. What fruit do you like? [clap] [clap] ...（以後繰り返し）

ポイント

上記のように様々なジャンルの疑問文を混ぜて遊ぶと友だちの質問をよく聞きます。

52 Unit 6
エコなアルファベットアート

【準備】

　学校で出た（色）画用紙の切れ端や，紐など工作に再利用できそうなものを集めておきます。

ゲームの紹介

　１人１文字のアルファベットを，エコな廃材で作ります。文字認識の活動がアートになります。

進め方

　アルファベットの単元では，特に３年生で初めて文字に触れる場合，いきなり書く活動に入らずに，手や体で文字を作ってみる，という文字認識から始めると文字の特徴や形に慣れることができます。

　このエコなアルファベットは，普段学校でたくさん出る色画用紙の切れ端や紐などの廃材を使って，１人１文字のアルファベットを作ります。ただ書くよりもクリエイティブな活動で印象にも残りやすいです。

ポイント

　完成したら教室や廊下にアルファベット順に掲示すると他学年も見ることができ，一気に英語の雰囲気が出ます。低学年や４年生の Unit 6 小文字単元でも活用できるアイデアです。

53 Unit 6 アルファベットビンゴ

【準備】

ビンゴシートを人数分印刷して配付します。児童に配るアルファベットカードを用意します。

アイテムの紹介

友だちの持っているアルファベットを聞きながら進めるビンゴゲームで使います。

使い方

やり取り中心の活動にしたいのに，アルファベット単元では，主役はアルファベット。なかなかやり取りするのが難しいです。

そんなときに，おすすめなのがこのアルファベットビンゴです。

ビンゴシートにランダムにアルファベットを書き，一人ずつアルファベットカードを1枚渡します。

やり取りに移り，"What alphabet?" で友だちのアルファベットを聞き，ビンゴシートにあれば消してビンゴを目指します。

丁度ハロウィンの季節にこの単元を学習する学校が多いため，ハロウィンのデザインにしています。

Unit 6
54 私の Dot to Dot！

【準備】

白紙を人数分印刷して配付します。

ゲームの紹介

　友だちの書いた Dot to Dot に取り組みます。Dot to Dot とは，A-Z を線でつなぐ文字認識，アルファベット認識を助ける遊びです。その遊びを書く活動を交えてクラスメイトとの活動にアレンジしています。

進め方

　白紙に A から Z までを丁寧に書かせます。これがポイントで，「クラスメイトが後で読むよ」と伝えると，児童はとても手寧に書きます。「伝えるための」アルファベットライティングになるのです。その後，紙を集めてシャッフルし，再び配付します。児童は配られた紙に書かれているアルファベットを A から Z まで線で結んでいきます。

ポイント

　クラスメイトが書いたアルファベットを見て，児童が丁寧に書く大切さに気づくことが期待できます。

教材データ

55 Unit 7
大笑いのピザパーティー

【準備】

　大笑いのピザパーティーのワークシートを人数分印刷して配付します。形と食べ物の英語を確認しておきます。

アイテムの紹介

　友だちとのやり取りを通して形の交換をしていきます。最後におたのしみパーティーがあります。

使い方

　教師は，丸や三角，四角などの小さな紙を児童に配り，「ピザの具材」であることは言わずに，その形から連想する食べ物の絵を描かせます。その後やり取りで，児童はいろいろな形を交換します。使用する言語材料は，"Circle, please!" や "What's this?" だけです。その後友だちと交換したものを，ワークシートに貼り，ピザの具材であることを伝えます。

　児童は，「先生！　ピザの上にこんにゃくがのっています！」などとユニークなピザができあがり大喜びします。最後に，ピザの名前を考え，"What's this?" でさらにやり取りをします。

【アイテム】

| 大笑いのピザパーティーのワークシート | 具材をのせたワークシート例 |

3年の授業で使えるアイテム＆ゲーム

56 Unit 7
Healthy? Unhealthy? 弁当

【準備】

　１人１枚お弁当のワークシートを人数分印刷して配付します。具材のカードを１人２，３枚ずつになるように切って配ります。形と食べ物の英語を確認しておきます。

アイテムの紹介

　「あなたのお弁当は，Healthy? Unhealthy?」と，友だちとのやり取りを通して具材を交換し，お弁当を完成させます。

使い方

　教師は，児童にお弁当が描かれたワークシートを配り，「Healthy 弁当」を作るよう指示をします。その後，児童１人に２，３枚の具材カードを渡します（枚数は調整してください）。その後のやり取りで具材を交換しながら，時間になるまでやり取りを続けます。

　55の大笑いのピザパーティーとの違いは，Healthy という目標をもってやり取りをするところです。

　バランスを見ながら，やり取りを進めるので児童は考えながら具材集めができます。

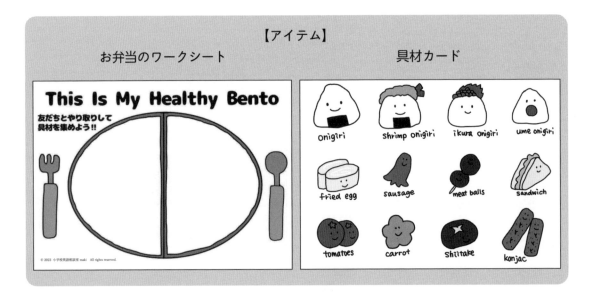

【アイテム】

お弁当のワークシート　　　　　具材カード

教材データ

Unit 7
57 図工 × 英語で メリークリスマス！

【準備】

クリスマスカードのワークシートを人数分印刷して配付します。

アイテムの紹介

クリスマスの準備として，クリスマスカードを作るアクティビティです。形を切り抜いたり貼ったりしてクリスマスカードを作って友だちに贈ります。

使い方

ワークシートの右にある形に色を塗って切り抜き，左部のクリスマスツリーに貼って完成させます。形に色を塗るだけでもできるので，絵を書くことが苦手な児童も取り組みやすい活動です。また，文字をなぞったり，名前を書いたりする部分もありますので，ライティング練習にぴったりです。

工作は，教師がやり方をその場で提示し，児童はそれを見るだけで理解できるので，英語のインプットをするのに最適な活動です。切る（cut），色を塗る（color），貼る（put a circle on …）などふんだんに英語を聞かせてあげましょう。

【アイテム】
クリスマスカードのワークシート

58 Unit 8 公園で What's this?

【準備】

　公園のワークシートを人数分印刷して配付します。１人１枚の付箋を配ります。

アイテムの紹介

　公園のイラストに，１つ絵を加えてクイズのやり取りをします。ヒントは形だけ！　公園にあるものを当てます。

使い方

　公園のワークシートを配り，何が描かれているか，クラス全体で確認をしていきます。この際，"Do you like swing?" など絵を指さしながら児童とコミュニケーションをとるようにしましょう。その後，児童は付箋の裏に，公園の絵の好きなところに付け足す絵を描きます。表にはその絵の輪郭を表す形を描きヒントにします。やり取りで，"What's this?" でクイズを出し合います。「公園にあるもの」と範囲を限定することで，児童の使用語彙を制限することができるので多岐にわたらずにクイズの難易度にばらつきが出にくいです。

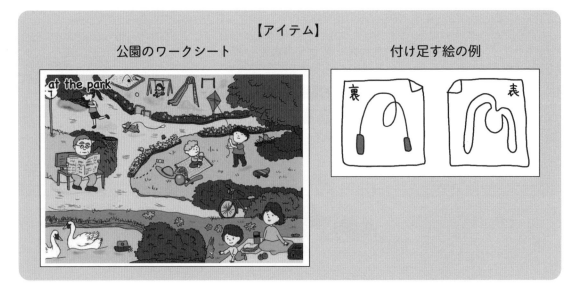

【アイテム】

公園のワークシート　　　　　　　　付け足す絵の例

59 Unit 8
ミステリーボックス

【準備】

　段ボールを用意し，手を入れる穴をあけておきます。うち一面は中が見えるようにします。

ゲームの紹介

　箱の中にあるものを，クラスメイトからのヒントをもとに当てる遊びです。

進め方

　ミステリーボックスに，いろいろなアイテムを１つずつ入れます。児童１人が前に出て箱に手を入れ中に入っているものを当てます。残りの児童は，色や形でヒントを言いサポートします。

ポイント

　身近にあるものや，これまで習ったもの（食べ物のレプリカやアルファベットの型抜きなど）の復習として，また自分の知っている単語と，big / small / beautiful なども紹介すると語彙が増えていいでしょう。

60 Unit 8 私のオリジナルクッキー

【準備】

私のオリジナルクッキーのワークシートを人数分印刷して配付します。

アイテムの紹介

どうぶつクッキーを考えて，どの動物なのかをクイズにしてやり取りします。

使い方

　動物の形をしたクッキーを考えます。児童は配られたワークシートに，好きな動物や知っている動物のクッキーの絵を描きます。

　ここでのポイントは，上手に描かなくていいということです。ワークシートの他のクッキーのように，輪郭はぼんやりと，なんとなくでいいので，絵の巧拙が関係なく，時間もそれほどかけなくていいので，すぐにやり取りに移れます。

　"What's this?" と動物の語彙だけでできるとても簡単なアクティビティです。

【アイテム】
私のオリジナルクッキーのワークシート

教材データ

61

Unit 9　Who are you?
まるっとワークシート

【準備】

ワークシートを人数分印刷して配付します。

アイテムの紹介

絵本の読み聞かせ単元を丁寧なステップでアウトプットへ導くアイテムです。

使い方

Unit 9 の絵本単元は，これまで習った動物の単元や，色，数字など，まとめ単元として，また豊富な英語のやり取りの場として最適な単元です。

ただの読み聞かせにならないよう，教師と児童のコミュニカティブなやり取りをしましょう。

ワークシートは，色を塗ったり，お話の続きを考えたりします。

読み聞かせ，単語の復習などと組み合わせて数時間に分けてワークシートに取り組むと動きのある授業になります。

【アイテム】
まるっとワークシート

073

62 Unit 9
1コマ劇場

【準備】

Unit 9 の "Who are you?" の英語絵本の読み聞かせをしておきます。

ゲームの紹介

初めての発表や，授業参観にぴったりの英語劇です。慣れ親しんだ英語絵本の内容で劇をします。

進め方

Unit 9 の英語絵本でたくさん読み聞かせをし，児童が意味を理解できた後，ぜひやりたいのが1コマ劇場です。

かくれんぼの要領で，オニ役と他の動物役を決め，使用言語は簡単な表現だけに絞って，発表をするといいでしょう。61のワークシートの「4 MAKE YOUR STORY」の活動として，オリジナルの動物を登場させても盛り上がります。

＊セリフ例＊

S1：1,2,3,4,5,6,7,8,9,10. Are you ready?

Ss：Yes!!

S1：I got you!!

Ss：I am a rabbit!

ポイント

劇のアクティビティをするときは，必ず，児童が英語の表現に十分に慣れ親しみ，セリフの英語の音声とその意味を理解できていることが前提です。児童の様子やレベルを考慮し，簡単な表現に変えるなど，やりやすく台本を作りましょう。

63 インプットが確保できる！英語で折り紙

教材データ

【準備】

折り紙を１人１枚配ります。

アイテムの紹介

色，形，動作の英語，感情表現の総まとめとして折り紙をします。英語をふんだんにインプットできるアイテムです。

最新の第二言語習得論によると，十分な音声でのインプットを確保すること，そのインプットは教師・児童の対話的なものであること，学習者が理解可能なレベルであること，これらが言語習得には必要であると考えられています。言語習得のために，伝統的な指導法（文法指導などの明示的な指導）はほぼ効果がない，とも言われています。自然な流れで児童が理解しやすいコミュニカティブな会話をするには，視聴覚教材を使用したり工作などを活動として取り上げたりするのがいいでしょう。そのために，これまで習った色や形などの表現にふんだんに触れられる折り紙はおすすめの活動です。

【アイテム】
折り紙シート（サンタクロース）

TA DA−!!

使い方

サンタクロースで折り方を紹介していますが，季節に合わせて変えてください。顔が描けるものにすると "How are you?" のやり取りの復習として感情表現にも触れられます。

Let's make a Santa Clause!
（サンタクロースを作りましょう）
White side up!（白い方が上だよ）
Fold like this.（こんなふうに折ってね）

64 Unit I
国旗マッチング＋ジェスチャー

【準備】

教科書で言語材料に指定されている国のカードをそれぞれ半分に切ります。100円ショップに国旗カードが販売されているのでそちらを活用すると便利です。世界の国旗，国名，また挨拶を確認しておきます。

ゲームの紹介

世界の挨拶のジェスチャーをしながら，国旗を完成させて交流をする活動です。3年生外国語活動の36で紹介した活動に調べ学習が加わります。

進め方

教師は，半分になった国旗を1人1枚ずつ配付します。その際，友だちに自分のカードを見せないように指示します。配られた国旗に合う挨拶とその挨拶時に使われるジェスチャーを調べます。その後，挨拶とジェスチャーでクラスメイトにたくさん挨拶をして回り，自分の持っている国旗の残りの半分を持っているパートナーを探します。見つけたら，教師のところへ一緒に行き，3人でその国の言葉で挨拶をします。

ポイント

3年生のUnit Iでも同じ活動をすることで，教師の教材準備の負担がとても減ります。また4年生で調べ学習にも挑戦できるので，ICT活用にも挑戦したいところです。

教材データ

65 Unit 2 Weather じゃんけん

【準備】

天気の英語を確認しておきます。

アイテムの紹介

天気ジェスチャーシートを使って，天気について聞き合います。友だちと同じジェスチャーになったら成功です。じゃんけんで活動しながら，天気の聞き方をマスターできます。天気の表現は，3年生から毎回授業で確認する先生も多いと思いますが，この活動では，"How's the weather?" と尋ねるセンテンスが身につきます。

使い方

天気ごとにジェスチャーを決めます。掛け声に合わせてじゃんけんをし，同じジェスチャーになったら成功です。教師—クラスで練習した後，ペア練習をすると混乱なく活動を進められます。「3回成功を目指そう！」など目標を示すと，児童のやる気がさらにアップします。

じゃんけんの掛け声：How's the weather? 1,2,3！（3でジェスチャーをする）

【アイテム】
天気ジェスチャーシート

教材データ

66 Unit 2 お天気 × 遊び
遊びたい！仲間探し！

【準備】

　お天気 × 遊びのワークシートを人数分印刷します。天気，遊び（スポーツ）の表現を確認しておきます。

アイテムの紹介

　教師が言う天気に合わせて，遊びでグルーピングする活動です。天気の表現に慣れたら，天気に合わせてどんな遊びがしたいかをクラスメイトとやり取りする活動をしましょう。

使い方

　教師が天気を1つ選び，児童はその天気に合わせて遊びたいものを選び "Let's〜." でクラスメイトに聞いていきます。同じ遊びを選んだもの同士でグループを作っていきます。以下のイラストをテレビモニターなどに映しておくといいでしょう。点線で囲まれたものは，play をつけて言うスポーツ，それ以外は，"Let's 〜." をつけるだけでいい遊びです。

　この機会に，play をつけて言うスポーツにも少し触れられるようにします。

【アイテム】
お天気×遊びのワークシート

教材データ

67 Unit 2　お天気 × 服装
お買い物ゲーム！

【準備】

お天気 × 服装のワークシートを人数分印刷します。天気と服装の表現を確認しておきます。

アイテムの紹介

天気の表現に慣れたら，天気に合わせた服装を考える活動がおすすめです。AB どちらかのワークシートを配付します。A は描かれている天気に合わせて必要なものを考え，B は児童が決めた天気に合わせて必要なものを考えます。

使い方

ワークシートの天気に合わせて，洋服アイテムの買い物をします。クラスを半分に分け，店員役と買い物客役に合わせて，"〇〇, please!" で活動をします。お礼を言う基本表現を練習できます。また，最後には，お休みの日の天気と行きたいところを自分で決め，それに合わせて服装を計画するワークシートもついています。

例：" 〇〇 , please!"　"Here you are!"　"Thank you."

【アイテム】
お天気×服装のワークシート

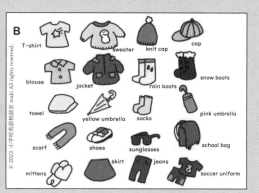

68 Unit 3 曜日 × 給食
好きな曜日は何曜日？

【準備】

曜日 × 給食のスライドをモニターなどに映しておきます。曜日の英語を確認しておきます。

アイテムの紹介

この Unit 3 の曜日単元では，22で紹介した「○○ニョッキ！」のゲームと組み合わせて行いたい活動です。好きな曜日とその理由を給食で伝え合います。

使い方

給食の英語を確認した後，どの給食が好きか，その英語の言い方を練習します。"I like curry and rice！" と発話させるのもいいでしょう。その後，スライドをもとに，好きな曜日とその理由として好きな給食を英語で伝え合います。「月〜金曜日まで，好きな人を見つけましょう！」と目標を示すと，児童も目的があって取り組みやすいです。

例：I like Thursday because I like stake.

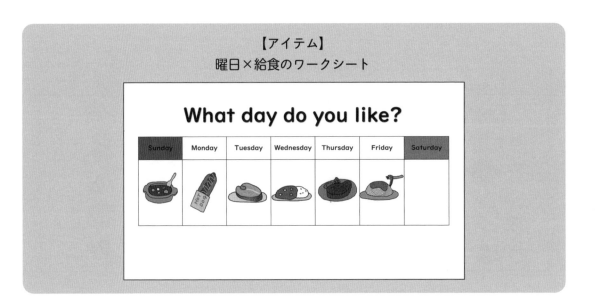

【アイテム】
曜日×給食のワークシート

教材データ

69 Unit 3 曜日 × 時間割
オリジナル時間割を作ろう！

【準備】

　曜日 × 時間割のスライドをモニターなどに映しておきます。オリジナル時間割のワークシートを配ります。曜日，給食，教科の英語を確認しておきます。

アイテムの紹介

　好きな曜日とその日の給食と教科をオリジナル時間割で伝え合います。

使い方

　以下のワークシートに従って，まずは好きな給食から好きな曜日を決めます。その後，その曜日にオリジナル時間割を書き込んでやり取りをします。オリジナル時間割については，「1教科2時間まで」と制限をかけると，いろいろな教科を言うことができます。教師も同じように児童とやり取りをすると，意外な人気な教科などに出会えます。

　使用言語例：I like Monday because I like hotdog. And I like English, music, math, Japanese, and P.E.

【アイテム】
曜日×時間割のワークシート

	Sunday	Monday	Tuesday	Wednesday	Thursday	Friday	Saturday
1							
2							
3							
4							
Lunch time							

Unit 4
70 私は何時？ゲーム

【準備】

　時間の英語を確認しておきます。算数教具などの時計の模型があると便利です。

ゲームの紹介

　先生が言った時間を体で表現してクラスメイトに伝えます。時間の単元では，数字の復習（１〜20）をした後，時計の模型で実際に時間をセットする活動が効果的です。授業はどうしても座っての活動になりがちなので，体をたくさん動かすこのゲームはおすすめです。

進め方

　教師が時間を指示し（このとき，なるべく言葉だけでなく時計を見せましょう），児童はそれを体で表現してクラスメイトに伝えます。

Do the gesture to show what time it is!　時間をジェスチャーで表してみましょう！
Can you tell me what time it is?　（クラス全体に）何時のジェスチャーかわかりましたか？

ポイント

　クラスメイトに見せる向きに注意が必要です。チーム戦で時間内に何回時間を伝えるのが成功するかを競っても楽しいです。

教材データ

71 Unit 4
赤ずきんちゃんの時間スゴロク

【準備】

グループや班に分かれ，その分のスゴロクシートを配ります。サイコロ（グループに１つ），消しゴム（１人１つ）を用意します。時間の英語を確認しておきます。

アイテムの紹介

スゴロクを進めながら，止まったマスに書かれている時間を言います。グループで時間を聞いたり言ったりするので，自信を持って言えない子もクラスメイトに教えてもらいながら参加することができます。

使い方

班の中で，１人オオカミ役を決めます。スタートからサイコロを振り，止まったところで，全員が "What time is it?" と聞き，サイコロを振った児童はマスに書かれている時間を英語で答えます。班の中の誰かが黒い時計のところに止まると，オオカミ役は１マス進みます。また，オオカミと同じマスに止まったら，オオカミに食べられてしまい振り出しに戻ります。オオカミよりも先にゴールを目指します。

【アイテム】
スゴロクシート

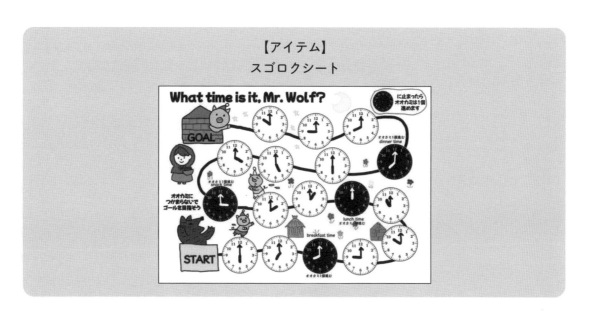

72 Unit 5 文房具借り物ゲーム

【準備】

文房具借り物ゲームのカードを児童分印刷して配付します。『Let's Try! 2 』巻末の文房具カードを切り取って，文房具の単語を確認しておきます。

アイテムの紹介

カードに書かれている困りごとを解決するための文房具を友だちと貸し借りします。"Do you have 〜？"の単元ですが，"Do you have 〜？"は実生活では「貸してくれる？」という意味でも使われる表現です。これを楽しくカードゲームで遊びましょう！

使い方

1人1枚の困りごとカードを配り，その困りごとを解決できる文房具のカードを友だちに「貸して！」とお願いします。たくさん借りられたら，カードがたくさんたまります。最後に借り物チャンピオンを決めてもいいでしょう。何が必要か自分で考えるので，児童も目的意識を持って活動に参加することができます。「絵具パレット　よごれをとりたい！」はお掃除裏技で消しゴムを借りましょう。

【アイテム】
文房具借り物ゲームのカード

73 Unit 6 アルファベット小文字体操

【準備】

アルファベット小文字体操（YouTube）を流せるようにしておきます。

ゲームの紹介

小文字の特徴に合わせて ABC song を歌いながら体を動かします。大文字に比べて，小文字は文字の「高さ」が違うことが，習得の難しさの要因の一つです。4 線に書いたとき，g，j，p，q，y などの間違いが多くみられる原因に，形には注目できている一方で，高さに注目できていないことがあります。この小文字体操は，YouTube で音楽を流しながら全身を動かして歌います。

進め方

速度を遅めから始めていきます。教師がマスターすれば，児童も喜んで一緒に踊ります。

【小文字体操の動き】

a, c, e, m, n, o, r, s, t, u, v, w, x, z   b, d, f, h, k, l,   g, j, p, q, y   i

ポイント

最初に教師だけでモデルを見せ，これらの動きが何を表しているのかを児童に考えさせるといいでしょう。小文字には高さの違いがあることに「気づく」ことで，印象に残ります。

【参考】

アルファベット小文字体操（小学校外国語相談室）https://www.youtube.com/watch?v=AosXQiad3RI

74 Unit 7 おつかいミッション！

【準備】

ミッションカードと食料品カードを人数分印刷，または１人１台端末で配信します。

アイテムの紹介

I want の表現を使って，「お家の人から頼まれたものを買い物する」という設定で買い物のアクティビティをします。

使い方

クラスを半分に分け，買い物客役と店員の役に分かれます。買い物客役は，お家の人からのおつかいに書かれたものを店員役のクラスメイトから，"I want" で買っていきます。その際，「１人の店員さんからは１つのものしか買えない！」と指示しておくと，より多くのクラスメイトと交流ができます。

【アイテム】

ミッションカード　　　　　食料品カード

教材データ

Unit 7
75 世界のおいしい具材ショッピング

【準備】

　班やグループで活動します。料理ワークシートと食料品カードをグループ分印刷して配付します。

アイテムの紹介

　世界の料理に必要な具材を調べ，その後その具材の買い物アクティビティをします。班やグループに分かれて，具材集め，資料づくり，発表ができます。

使い方

　料理ワークシートに指定された料理について，すでに書かれている具材以外に必要なものを調べます。必要な具材がわかったら，買い物アクティビティをします（74の手順）。その後，ワークシートを完成させ，発表したり掲示したりします。発表経験が少ない4年生なので，あまり長文など言わせず，“This is（世界の料理）.”などシンプルな言語材料で言えるように練習すると，児童は自信をつけることができます。

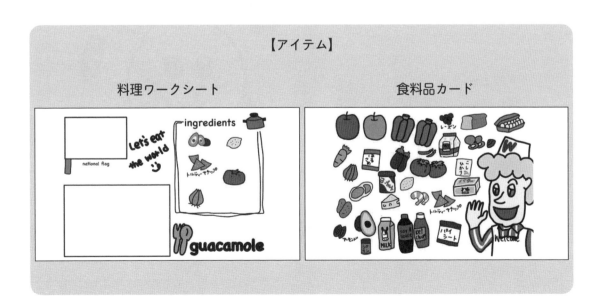

【アイテム】

料理ワークシート　　　　　　　食料品カード

教材データ

76 Unit 8
英語で福笑い

【準備】

　ペアで活動します。消しゴムを用意します。英語で福笑いのワークシートをペア分印刷して配付します。

アイテムの紹介

　道案内の基本表現を使いながら，英語で福笑いに挑戦します。道案内の基本表現，"right/left" "up/down" だけでできる英語の道案内です。

使い方

　ワークシートには，ウサギのしっぽがゴールとして描かれており，パートナーの指示を聞きながら目を閉じたまま消しゴムを動かし，ゴールを目指していきます。

　センテンスで言う必要がないので，簡単に取り組むことができます。

　ペアで行う際，２人が同じ方向を向いていると，混乱なく意思疎通ができます。

S１：Right!! Right!!
S２：（右へ消しゴムを動かす）
S１：Down! Goal!

【アイテム】
英語で福笑いのワークシート

Let me have a cottontail

教材データ

77　Unit 8
学校の怪談で道案内

【準備】

　学校の怪談ワークシートを人数分印刷して配付します。付箋を使用するか，または，ICT 端末での配信もできます。

アイテムの紹介

　道案内をして学校内からキャラクターやポイントアイテムを見つけます。

使い方

　準備としてワークシート上の学校の教室に隠れているキャラクターやアイテムをすべて付箋などで隠します（ICT 端末の場合は図形で隠してください）。児童はペアになり，先攻の児童から行きたい場所を伝えます。案内役の児童はその目的地まで道案内します。案内の際は，廊下の黒点で止まり次の指示をします。無事についたら，案内してもらった児童がポイントを獲得します。すべてのキャラクターを見つけた時点で，ポイントを多く獲得している児童が勝ちです。学校の施設の英語は覚えるのが難しいので，このようにゲームで慣れ親しむのがおすすめです。

【アイテム】
学校の怪談ワークシート

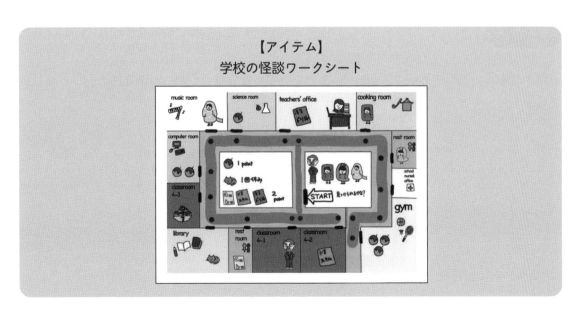

78 Unit 8
学校紹介

【準備】

児童のお気に入りの学校の教室や施設を決め，発表準備をしておきます。

ゲームの紹介

オンラインで学校交流をして，学校内の自分のお気に入りの場所を紹介します。

進め方

この単元では，好きな学校の教室や施設を紹介する活動が定番ですが，コミュニケーションの要素「情報を伝え合い，意味のあるやり取りをする」という観点から，オンラインで学校交流をすると児童もより楽しんで取り組むようになります。

発表例：This is our gym.

I like our gym because I like basketball.

Do you like basketball?

Thank you!

ポイント

好きな教室・施設でグループを作り，実際に教室などを見せながら動画撮影をしても楽しいでしょう。

教材データ

79 Unit 9 This is my day.
まるっとワークシート

【準備】

　まるっとワークシートを人数分印刷して配付します。

アイテムの紹介

　絵本の読み聞かせ単元学習後に，丁寧なステップでアウトプットができます。

使い方

　Unit 9 は 2 年間の外国語活動のまとめとして，絵本の読み聞かせをする単元ですが，いきなりアウトプットさせたり，一日のルーティンを考えさせたりせず，まずは絵本の内容理解を丁寧に進めましょう。

　このワークシートでは，単語理解から内容理解まで丁寧にステップを踏みながらアウトプットへの道筋を立てることができます。読み聞かせをして，その後の活動に困っている先生はぜひご活用ください。

【アイテム】
まるっとワークシート

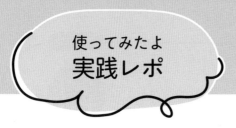
使ってみたよ
実践レポ

赤ずきんちゃんの時間スゴロク（広島県・外国語専科）

　　　　「赤ずきんちゃんの時間スゴロク」は，1〜20や1〜60までの英語の数字表現を習った児童たちにぴったりの教材でした。「〇時ちょうど」だけでも楽しめるし，「〇時△分」を使っても学習を広げることができました。私は，第4学年で英語で時計の読み方を学ばせた（たとえば，10:15は，ten-fifteen と言う等）後，この「時間スゴロク」を使いました。スゴロクという，先にゴールすることを競う活動ですが，発話に不安がある児童や"-teen"と"-ty"の区別がつきにくい児童もグループ内で友だちと支え合いながら，英語の技能を上げていくことができます。スゴロクというゲーム自体の楽しさに加え，ゲームという必然性のある発話に，繰り返しによって「英語で時間が表現できる」という喜びを味わわせることができました。

　　　最初は，「〇時ちょうど」のスゴロク，次に「〇時△分」等があるスゴロク，さらに児童たち自身に時間を考えさせて，「長針短針を書き込める」スゴロクを使うことで，児童たちのワクワク感ややってみたいという気持ちを引き出すことができると思いました。かわいくて，楽しい「時間スゴロク」をありがとうございました！

大笑いのピザパーティー（大阪府・3年生担任）

　　「大笑いのピザパーティー」は，題名の通り活動準備からやり取り，完成まで児童も教師も笑いが止まらない活動でした。形に合わせて食べ物を描くところでは，教師からは想像がつかないようなレアな食べ物を描いたり，ALT の先生の自国のお菓子を描いていたりして，活動内容を知っている私だけ心の中で笑いが止まりませんでした。

　　形交換のやり取りでも，児童はそれだけで大笑い！　「先生こんなのもらった〜！」や「おにぎりばっかり集まった！」など，こんなにもやり取りで興奮した児童の様子は初めて見ました。私の考えた授業案では出せなかった成果です。そして最後に，「これね，実はピザになるんだよ」と伝えたとたん，どっと笑いが起き，隣の先生も見に来たほどでした。できあがった作品を廊下に掲示していたところ，管理職の先生からもお褒めの言葉を頂きました。英語が苦手で，英語を教えた経験なんてない私が，まき先生の教材のおかげで毎回授業が楽しいと，もっとやりたいと心から思えています。いつも感謝しています。ありがとうございます。

Chapter 3

外国語授業の
アイテム＆ゲーム

My favorite

【準備】

My favorite のワークシートを人数分印刷して配付します。

アイテムの紹介

はじめてのやり取りでたくさんの「好き」を紹介します。基本表現を何度も使ってクラスメイトと好きなものを伝え合います。

5年生外国語の初めての単元では，自分のことを伝える活動があります。I like で好きなものを伝えていくのもいいのですが，一方通行になりがちです。

そこで，3・4年生の外国語活動での既習表現 "What color / sport / fruit do you like?" のセンテンスで尋ねたり答えたりする活動がおすすめです。

使い方

まずワークシートのそれぞれの絵の部分に自分の好きなものを書きます。その後やり取りに移り，"What ○○ do you like?" でやり取りをしていきます。

聞いたものにはチェックボックスにチェックをします。

1人の児童と1つの質問，と指示するとたくさんのクラスメイトとやり取りができます。

【アイテム】
My favorite のワークシート

©2023 小学校英語相談室 maki All rights reserved.

color
drink
snack
My
Favorite
month
animal
sport
number

81 目指せ，完売！ Birthday ケーキ

教材データ

関連教材：U２（NEW HORIZON Elementary English Course 5）

【準備】

ケーキカードを人数分印刷しておきます。

アイテムの紹介

誕生日の聞き方や答え方を，12回練習できる教材です。誕生日の表現を楽しくたくさん練習してほしい，そんな思いで作った教材です。

使い方

まずケーキのカードを切り分けます。

やり取りでは，誕生日を尋ねたり答えたりします。１月が誕生日のクラスメイトがいた場合，１が書かれたケーキのカードを渡します。

また，自分の誕生月のケーキのカードを相手からもらいます。12枚のケーキのカードがなくなれば成功です。

たくさんのケーキカードをもらった児童がチャンピオンです。

S１：When is your birthday?
S２：My birthday is May 23rd.
S１：（５のケーキを渡す）
　　　Here you are!
S２：Thank you!

【アイテム】
ケーキカード

82 ワクワクI want

関連教材：U2（NEW HORIZON Elementary English Course 5）

【準備】

プレゼントカードを人数分印刷して配付します。

アイテムの紹介

プレゼントカードを交換しながら，I want の練習をします。want は like と使用場面や文型が酷似しているため，誤用が多い動詞です。「プレゼント」というアイテムを使うことで，「あげる」「もらう」をしっかり場面設定します。

使い方

"What do you want?" "I want a ..." のやり取りで，プレゼントカードを交換します。誕生日の単元で習うことが多い I want ですが，5年生でほしいものにゲーム，お金を挙げる児童が多いので，このカードゲームだと選択肢が決められており，さらに「全部揃える！」「1種類のプレゼントカードをたくさん！」など目標をもって取り組む児童が多いです。

人気なイヤイヤ期券，big takoyaki，高級 natto の3種類は毎年争奪戦です。

【アイテム】
プレゼントカード

教材データ

83 Can you read 人鳥？

関連教材：U3（NEW HORIZON Elementary English Course 5）

【準備】

漢字カードとワークシートを人数分印刷して配付します。

アイテムの紹介

"Can you read〜?" を使って漢字の読みにチャレンジします。can の単元では，基本動詞の徹底としてたくさんの動詞が言語材料として選ばれています。中でも，read はよく使用する動詞にもかかわらず，読み方・意味両方の定着が難しいものです。

そこで，「Can you read 人鳥？」のアクティビティがおすすめです。「漢字チャンピオンは誰だ!?」と楽しく活動できます。

使い方

1人1枚漢字のカードを配ります。誰にも見せないように指示しましょう。

ワークシートは，自分の出席番号に斜線を引きます。"Can you read 〜？" のやり取りで読めたら〇，読めなかったら△をつけていきます。

たくさんのクラスメイトとやり取りをしてほしいので，クラスメイト一覧でやり取りをした記録をつけられると児童も「あと〇人」と目安がついて積極的に相手を探すようになります。

漢字の知識もつけながら，"Can you 〜？" も定着させましょう。

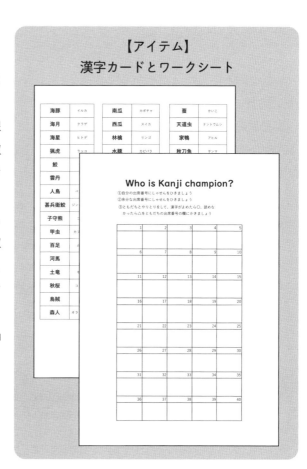

【アイテム】
漢字カードとワークシート

Who is Kanji champion?

84 can で係決め
関連教材：U3（NEW HORIZON Elementary English Course 5）

【準備】

can で係決めのワークシートを人数分印刷して配付します。

アイテムの紹介

"What can you do?" などを使いながら，係決めのワークシートを完成させます。can「～できる」の使用場面は意外と限られており，授業でのやり取りでも場面設定が大切です。

今回は，クラスメイトの得意なことを生かして係決めのワークシートを完成させようというアクティビティです。

使い方

児童は，"What can you do?" でクラスメイトの得意なことを尋ねます。答える児童は相手のワークシートを見て「これならできそう」と思った係に立候補し，"I can ○○ ." で答えます。係が決まったら四角にチェックをつけたり名前を書いたりしましょう。

全員係決めが終わったら成功です。

【アイテム】
can で係決めのワークシート

85 迷わない・迷わせない道案内

関連教材：U5（NEW HORIZON Elementary English Course 5）

【準備】

　消しゴムを用意し，ペアで活動します。道案内ワークシート（2種類）をペア分印刷して配付します。

アイテムの紹介

　あみだくじから道案内へ。シンプルな教材で道案内表現をしっかり定着させます。

使い方

　道案内単元は，まず教師からのインプットをしっかり行った上でペアの活動へ移ります。

　あみだくじを使った道案内では，turn right/left, go straight だけを練習します。消しゴムをコマにして進めるといいでしょう。

　地図を使った道案内では，よく「どこまで go straight で行くのかわからない」という混乱が生まれます。なので，止まるポイントを黒のドットで示しています。

　消しゴムに，丸シールを貼って顔を書き，進行方向を向きながら進むようにすると混乱が少ないです。

【アイテム】

道案内ワークシート（あみだくじ）

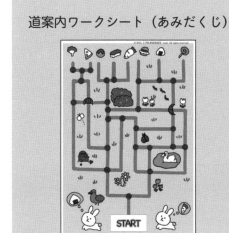

道案内ワークシート（地図）

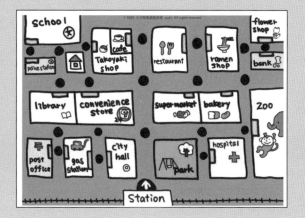

Chapter 3　外国語授業のアイテム&ゲーム

教材データ

86 私の町を紹介！ This is our town.

関連教材：U5 （NEW HORIZON Elementary English Course 5）

【準備】

This is our town. のフラッシュカードを人数分印刷して配付します。

アイテムの紹介

学校がある町の周辺地図を使ったインフォメーションギャップの活動です。

使い方

自分の町紹介の単元では，まず施設の名前を確認することから始めます。ただのリピート練習にせず，"Is there any supermarket around here?" "What supermarket do you know?" など児童とコミュニケーションをとりながら語彙を定着させたいところです。

インフォメーションギャップの活動では，準備として学校周辺の地図を用意し，その周りの施設（病院や公園など）の名前を白抜きにします。児童1人ずつ1つの場所を与え，ICT端末で自分の担当の施設を調べます。

その後やり取りで，自分の調べた施設を英語でクラスメイトに紹介し，すべての施設を埋めていきます。

【アイテム】

This is our town. のフラッシュカード　　　周辺地図を使ったワークシート例

87 日本紹介かるた

関連教材：U7（NEW HORIZON Elementary English Course 5）

教材データ

【準備】

グループに分かれておきます。日本紹介かるたを人数分印刷します。

アイテムの紹介

日本特有の文化について，教師の説明を聞きながらかるた遊びをします。

使い方

日本の文化を紹介する単元では，まず教師が手本となり，「どのようなことを言って紹介したらいいのか」を児童がインプットしながら学べるようにする必要があります。教師のインプットを浴びながら，児童はかるたでゲームをして遊びます。センテンスを理解できなくても，聞こえてきた単語をたよりにカードを選び取ります。

英語が苦手な先生でも読み札が読めるよう，スクリプトがついていますので，参考になさってください。

Chapter 3 外国語授業のアイテム&ゲーム

【アイテム】

日本紹介かるた　　スクリプト

教材データ

88 君はヒーロー（将来の夢）

関連教材：U8（NEW HORIZON Elementary English Course 5）

【準備】

職業のカードとワークシートを人数分印刷して配付します。

アイテムの紹介

将来の夢としたいことをやり取りしながら，おもしろヒーローを探す活動です。将来の夢を伝え合う単元では，「まだ将来の夢が決まっていない」こともよくあることで，そのまま自分の夢を伝えるという活動ではやり取りできない場合が少なくありません。将来の夢を考える「練習」として，活動します。

使い方

職業のカードを配り，そのカードに合わせてなりたいものを "I want to be a ..." で伝えます。そしてさらに，その職業になってできることを "I want to ..." をつけ加えます。簡単にやり取りが続けられるように，ワークシートには，"I want to ..." の続きとして使える表現を載せています。

やり取りの活動の中で，「たこやきマン」と「アップルパイマン」を探していきます。児童たちは見つけたくて，進んで活動に参加する様子が窺えます。

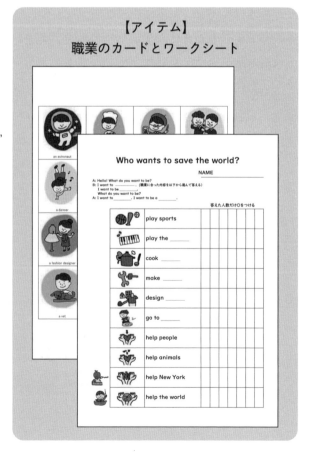

【アイテム】
職業のカードとワークシート

教材データ

Messy room で前置詞マスター

【準備】

Messy room のワークシートを印刷して配付します。

アイテムの紹介

ワークシートを使いながら前置詞を使ってものの場所を表す練習をします。豊富なインプットをしながら「場所」に注目させます。

使い方

前置詞指導でよく見られる間違いが，前置詞の種類だけでなく，"Where is the book?" "It's in the book." などのように，「場所」への注目が足りていないために起こる誤用です。まずは教師が実際の教室のものを使って見せる，児童に "Your bag in the locker!" など，十分に前置詞を使って場所に焦点を当て，文法でなく意味中心のやり取りをします。

やり取りをした後，ワークシートでいろいろな描写練習をしていきます。「ありえない！」場所に「ありえない！」ものが隠れていることが児童にとって，印象づけのきっかけになります。教師はその印象づけのためにたくさんリアクションをとって見せてください。やり取りに便利な児童用教材もあります。A/B に分かれて場所を伝え合う活動ができます。

【アイテム】

Messy room のワークシート

90 伝えるライティング

関連教材：U1 （NEW HORIZON Elementary English Course 6）

【準備】

伝えるライティングのワークシートを人数分印刷して配付します。

アイテムの紹介

「伝える」を意識して書く活動を進めます。音声に十分に慣れ親しんだ簡単な語句や基本的な表現を「書く活動」として取り上げること，と学習指導要領に記載されています。書く活動は単元最後の活動として丁寧に取り組みたいところです。

また，重要な概念として，ライティングはただの練習ではなく，あくまでコミュニケーションの一種であること，伝える相手を想定して書くことがなによりも大切です。〇〇さんへの手紙，〇〇さんへの新聞記事，メールなど，場面設定をして行うと，児童も目的意識を持ってライティングの内容が考えやすくなります。

使い方

このシートは自己紹介単元で使用できる「アメリカの友だちに送る手紙」です。

「アメリカ」ということで，日本の食べ物を書いた児童が多かったです。

コンテクストを考慮して，書く内容を考えることも大切なコミュニケーション力です。

【アイテム】
伝えるライティングシート

教材データ

91 食べる頻度の同じ人を探せ！

関連教材：U2（NEW HORIZON Elementary English Course 6）

【準備】

頻度の副詞のカードを人数分印刷して1枚ずつ配付します。

アイテムの紹介

配られたカードを元に，同じ頻度で同じものを食べているクラスメイトを探します。

使い方

頻度を表す副詞自体を使えるようになるのにも時間がかかり，また文構造も複雑化するので，ここは注意を払いながら進めたい単元です。

やり取りで，混乱をさけるためにできるだけ限られた語彙で進められることが理想です。

そこで，この活動は，同じ頻度で同じ食べ物を食べているクラスメイトを探します。すべての食べ物が日本のソウルフードになっているので使用語彙の負担を減らすこともできます。Rarely については，日本の食べ物ではないピザとハンバーガーになっています。

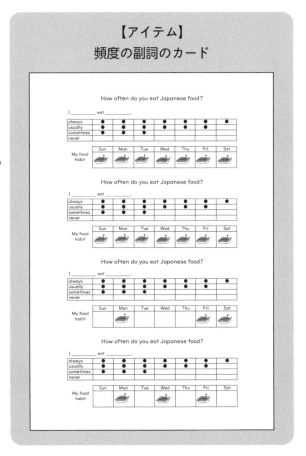

【アイテム】
頻度の副詞のカード

Chapter 3 外国語授業のアイテム＆ゲーム

教材データ

何かが起こった過去形

関連教材：U3（NEW HORIZON Elementary English Course 6 ）

【準備】

グループやペアで活動します。何かが起こった過去形のカードをグループ分または，ペア分印刷します。

アイテムの紹介

カードに書かれた人物の表情を見て，何が起こったかを想像して言うゲームです。

使い方

過去形の単元では，まず「過去」をとらえる必要があります。過去，未来，現在，という区別をまずはセンテンスで練習します。人物カードを切り分け，裏向きに並べます。ペアやグループで順番に1枚ずつ引きます。出てきたカードに書かれた人物の表情を見て，過去形の表現でなぜその表情になったのかを想像して伝えます。はっきりとしない表情の人物もいますが，児童によってとらえ方の違いを楽しむことを期待しています。学習段階に合わせて，「went to を使って」，または「既習表現をすべて使って」，など使用する言語材料（過去形）を限定すると長く使えます。

【アイテム】
何かが起こった過去形のカード

93 おいしい過去形

教材データ

関連教材：U3（NEW HORIZON Elementary English Course 6）

【準備】

ペアで活動します。おいしい過去形のカードを人数分印刷（拡大）して配付します。1人につき同じお土産が4〜5枚あるとやり取りがたくさんできます。

アイテムの紹介

お土産カードをクラスメイトと交換しながら，過去形を練習する活動です。

夏休み明けに「過去形」の単元に入る教科書も多く，過去形で話す内容も夏休みにしたことと設定することが多いです。この発表に向けて，簡単なやり取りで練習できるのがこのアイテムです。

使い方

児童は，配られたお土産カード（1〜5枚）に合わせて，"I went to（都道府県）."を言ってカードをクラスメイトに渡します。

学習段階に合わせて，"I went to 〜." プラスして enjoyed / ate / saw などを用いても楽しいです。

お土産話の練習としてこの活動を行うと，児童は，「47都道府県のお土産をゲットしたい！」ととても積極的に交流する姿が見られます。

「夏休みにどこにも行っていない！」の児童も参加できる活動です。

【アイテム】
おいしい過去形のカード

94 これがこうなった！（過去形）

関連教材：U3（NEW HORIZON Elementary English Course 6）

【準備】

これがこうなった！（過去形）のワークシートを人数分印刷します。

アイテムの紹介

　イラストの変化を想像して伝え合う活動です。be動詞の過去形（was/were）は，小学生にとって抽象的な概念が含まれるため一般動詞の過去形に比べて定着が難しいです。なるべくシンプルに，使用場面がはっきりとわかるよう，ストレートな活動がおすすめです。

使い方

　色の変化，形の変化，大きさの変化，など身近にあるものでたくさん言ってみるといいでしょう。このワークシートでは，卵と芽が今では何になっているかを想像して，"It was an egg. It is a dinosaur." のように対比したセンテンスでやり取りをするとわかりやすいです。動物や花など，使用語彙も推測できるので，児童からの「これ英語でなんて言うの？」という質問に対応しやすいです。was / were に注目できるよう，ライティングができるようになっています。音声で十分に慣れ親しんだ後の活動としておすすめです。

【アイテム】
これがこうなった！（過去形）のワークシート

これがこうなった！！！

Name ＿＿＿＿＿＿

It ＿＿＿ an egg.　　It ＿＿＿ a ＿＿＿

教科書を写すか
載っていなければ日本語で書きましょう

It ＿＿＿ a seed.　　It ＿＿＿ a ＿＿＿

教科書を写すか
載っていなければ日本語で書きましょう

教材データ

95 動物を救うのは君たちだ！

関連教材：U6（NEW HORIZON Elementary English Course 6）

【準備】

グループで活動します。カードとワークシートをグループ分印刷して配付します。

アイテムの紹介

この単元には「英語で」学ぶ，CLIL の要素があります。Food chain を学びながら，環境問題への理解を深めます。

使い方

ワークシートの上に，出たカードを置いていきます。動物カードが出た場合は，savanna か the ocean など生息地に合うように置き，Food chain の順番に並べていきます。環境問題カードが出た場合は，どこで起こり得るかを話し合い，カードを動物カードの間に置いていきます。Take action! カードが出たら，環境問題カードを1枚取り除くことができます。環境問題カードをすべて取り除き，Food chain ができたら完成です。環境問題カードがないときに Take action! カードが出た場合は，動物たちのよりよい環境づくりのためになにができるかを考えましょう。"Penguins live in the ocean." など動物の生息地は英語で伝え合い，Take action! の話し合いは日本語でも構いません。

教材データ

96 we で仲間探し

関連教材：L1 （CROWN Jr. 6）

【準備】

おすすめのカードの中から選んだものを人数分印刷して配付します。

アイテムの紹介

配られたカードと共通しているものを持っているクラスメイトを探す活動です。

使い方

we を学ぶ単元では，I（私）から，グルーピングへの意識を向けることが大切です。

直訳の「私たち」として教えるよりも，いろいろなグルーピング方法によって we のメンバーが変わることを学ばせたいものです。

例えば，「color でペアリング」と指示し，同じ色の野菜や果物でペアになります。ほかにも，果物か野菜，季節，味などでペアやグルーピングをするのもいいでしょう。

最後は教師のところへ来て，"We are (red)." などで報告します。

このカードに産地を書き込めば，"We are from ..." の練習も可能です。

【アイテム】
we で仲間探しカード

教材データ

97 パフォーマンステスト ペアチェックシート

【準備】

パフォーマンステストペアチェックシートを児童１人に必要な分だけ印刷して配付します。

アイテムの紹介

テスト前に，テストで活躍するコミュニケーションのポイントができているかをチェックします。

使い方

主体的に学習に取り組む態度の表れとして，また相手への配慮，伝える工夫としてコミュニケーションのポイントを実践することはとても大切です。

このチェックシートは，テスト前に練習としてできるペアアセスメントシートです。相手のパフォーマンスを見るだけでなく，このポイントをチェックすることで，本人はもちろん，チェックしている児童も意識を強めることができます。

「自分では clear voice で言っているつもりだったが実際はもう少し声を大きくした方がいいことがわかった」「客観的な視点で自分の振り返りができるようになった」などという児童が多いです。

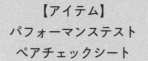

【アイテム】
パフォーマンステスト
ペアチェックシート

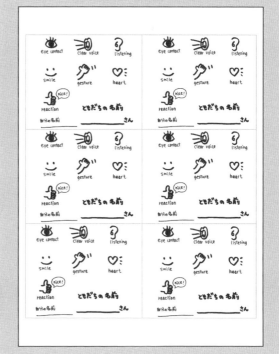

98 やり取り盛り上がりクッキー

教材データ

【準備】

クッキーのイラストを人数分印刷して配付します。１人数枚持っておくと盛り上がります。

アイテムの紹介

やり取りに積極的になれないクラスに活用したい教材です。「やり取りになかなか参加できない」「盛り上がらない」と悩んでいる先生にぜひ使っていただきたいのが，このクッキーカードです。単純な "How are you?" のやり取りにも，毎回の言語材料を使ったやり取りにも，どんなやり取りにも使うことができます。

使い方

１人５枚ほど持っておき，やり取りをした後，クラスメイトとじゃんけんをして負けたらクッキーを相手に渡します。最後にクッキーの枚数を数えましょう。たこ焼きが混ざっています。

英語不安や，苦手意識などで，やり取りに対して積極的になれない児童に，「やり取りをする」という目的以外の，この「クッキーをたくさんゲットする」という目的が加わると，積極的に参加できるきっかけをつくることができます。

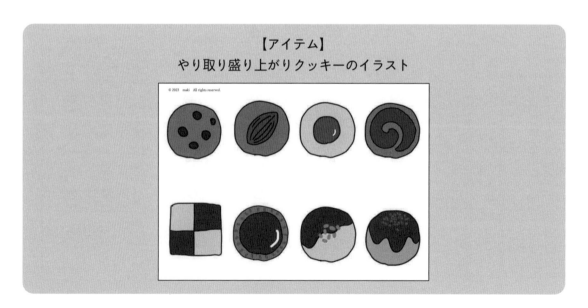

【アイテム】
やり取り盛り上がりクッキーのイラスト

99 会話はキャッチボール

【準備】

ペアで活動します。小さなボールをペア分用意します。難しい場合は，消しゴムなどでも大丈夫です。

ゲームの紹介

ボールをパスしながらやり取りを進めるゲームです。

進め方

やり取りの時間，教師が巡回していて「どちらが話しているの？」とコミュニケーションが止まっているペアを見つけて疑問に感じたことはありませんか？　ボールをパスしながらやり取りをすることで，どちらが話しているかを見える化し，教師はやり取りに詰まっている児童をスムーズにサポートすることができます。

ポイント

制限時間を設けることで，よりたくさんのターンを返せるように，やり取りを活発に促すことができます。

Chapter 3 外国語授業のアイテム&ゲーム

100 Fluency のための，3・2・1

【準備】

なし。

ゲームの紹介

　頭で考えたことをスムーズに発話します。Fluency を向上させるための活動です。Fluency とは，発話の流暢さを意味します。頭ではわかっていても，それを発話するのに時間がかかる，それを流暢に言えるようになるための練習です。発表ややり取り，発話練習に活用できます。3・2・1とは制限時間のことです。

進め方

　イラスト描写をする活動で Fluency を高めたい場合，3回チャレンジしますが，1回目は3分以内，2回目は2分以内，3回目は1分以内と制限時間を短くしていきます。

　発話量に合わせて，制限時間をより短く設定するなどの調節をしてください。第二言語教授法でもこのアイデアが推奨されており，Fluency 向上のためには訓練が必要です。

ポイント

　十分なインプットを行い，表現に十分に慣れ親しんでいることが前提です。準備不足でのこの活動は，英語不安やモチベーション低下を引き起こしかねませんので気をつけて導入してください。

Chapter **4**

外国語活動・外国語授業
Q&A

1 Classroom English を使うのが難しいです。

英語が苦手な先生でも簡単に使える Classroom English の使い方や例をご紹介します。

　外国語活動・外国語の授業で，Classroom English をどの程度使ったらいいのかはどの先生方も悩むところです。「オールイングリッシュなんてとんでもない！」という英語が苦手な先生に Classroom English の使いどころを紹介します。

　児童の生活指導をする場面も多くある授業で，英語ばかりを使っていられない，それが現実だと思います。そして，Classroom English を使いすぎると，英語不安を抱く児童にとってさらに英語への不安感を増大しかねません。また，様々な英語表現を使い授業を進めると，本当に理解してほしい英語表現の定着が薄れてしまいます。

Classroom English は指示するときに

　挨拶，活動に入る前や後の指示に，Classroom English を使うと，使用する英語表現を限定することができ，教師の負担を減らすこと，また児童の定着を促すことができます。

〈挨拶〉

① Let's greet (ALT) / your friends.　ALT/ 友だちに挨拶しましょう。

② Ask your friends, "How are you?"　"How are you?" と友だちに聞いてみましょう。

③ Let's sing along with the music.　音楽に合わせて歌いましょう。

〈言語材料紹介〉

① Silence. Make eye contact with me!　静かに。私とアイコンタクトしてください。

② Can you guess what this is?　これが何だかわかりますか？

③（ALT に）Please get them to repeat after you.　あなたの後にリピートさせてください。

〈活動・ゲーム〉

① Make pairs.　ペアになりましょう！

② Make groups with your friends.　友だちとグループを作りましょう。

③ Move your desks and make a circle.　机を動かして円になりましょう。

④ Come up to the front.　前に出てきてね。

⑤ Don't show your card to anyone.　カードは誰にも見せないよ。

---

2 「英語わかんないし！」と言う子がいます。

英語不安を抱える児童の対応について私の実践例をご紹介します。

　英語不安については，個人の特性（individual differences）として様々な研究がされています。個人の性格と，英語学習経験の有無に大きく影響を受けているといわれています。一概に，「楽しい授業をすればいい」というものではなく，個人の児童の特性をしっかり受け止め，個別サポートをできるだけしていくことが不可欠です。

教師と児童間の信頼関係をいろいろな場面で築く

　ある研究では，教師と児童の信頼関係構築が学習者の英語学習へのエンゲージメントを高めるといわれています。授業中だけでなく，授業外や振り返りシートのコメントなどでも教師の思いを伝えることも大切です。私の実践例をご紹介します。

　たとえば授業中は，やり取りのときに英語不安の児童にそっと付き添うことも安心感へつながります。「伝わっているよ」の態度をすこし強調して，大きく「うなずく」ことで児童に見せています。

　また，授業に早めに行ったり，廊下で会ったりしたときに，声を掛けるようにしています。英語の話ばかりせず，その児童の好きなこと，友だち関係などを知ることで教材ややり取りの様子も見やすくなります。

　振り返りシートでは，定型文や"Good！"だけ書いて返さず，「ちゃんと伝わっていたよ」「英語は声に出すことが一番大切だよ」「先生も○○さんとやり取りしたかったな」など，励ましの言葉やアドバイスを書くようにしています。

　様々な場面で児童との信頼関係を築く，まずは声を掛けることから始めてみてください。

【参考文献】
Chan, P. H., & Aubrey, S. (2021). Strengthening Teacher-Student Rapport Through the Practice of Guided Dialogue Journaling. RELC Journal, 0 (0). https://doi.org/10.1177/00336882211044874

3 やり取りを日本語でする児童がいます。

やり取りを日本語でしてしまう児童がいる場合の見直しポイントを紹介します。

やり取りを日本語でしてしまうことには，様々な理由が考えられます。英語不安，特に高学年の児童に見られるように，「恥ずかしい」という気持ちもあります。しかし，この大きな理由として教師側にも見直すべきポイントがありますので，紹介します。

インプットは十分か，やり取りはシンプルか

言語習得には，インプットが一番大切です。教科書でのリスニング教材に加えて，教師と児童のやり取りを元にしたコミュニカティブなインプットの活動をしているか，見直しましょう。

言語材料だけを提示していると，その英語の表現がどのようなコンテクストで使用されるかわからないままやり取りに進みます。このために，やり取りが児童にとって，ただの言語材料の交換になってしまい，メッセージを伝え合う，情報を交換し合う，交流するという本来のコミュニケーションの目的が失われてしまいます。それが「やり取りを日本語で行う」理由の一つになりかねません。

授業にインプットは十分か，これを見直してみましょう。

次に，やり取りの内容を見直しましょう。「豊かなコミュニケーション」を意識するあまり，これまで習った英語表現プラス，その時間の学習表現を話させようとしてしまい，それが児童にとって負担になるため，やり取りを日本語ですることにつながってしまいます。

ここは欲張らずに，その時間に習った英語表現のみでやり取りができるよう，やり取りの内容を簡素化し，使う英語表現をできるだけシンプルなものにしましょう。

4 「書く活動」にイライラする児童がいます。

「書く活動」にイライラしてしまう児童の対応の実践例をご紹介します。

「書く活動」は，アルファベットがしっかり読み書きできることが前提となります。そして，音声で十分に慣れ親しんだ簡単な語句や基本的な表現を「書く活動」として扱うことと学習指導要領にも示されています。

しかし，音声を英語4線に文字化することは小学生にとってかなりの忍耐力が必要です。間違いはみんなあるといっても，間違える，消しゴムで消す，書き直すことにイライラしてしまう児童は少なくありません。

そこで，私がやっている実践例を紹介します。

一人にさせないことが大切

「書く活動」には必ず，Chapter 1 ⑧で紹介したライティング伝票を配っています。英語の4線に書くルールを毎回確認し徹底します。また，必ず見本を用意し，なぞるというステップを踏むことも大切です。

書き終えた児童は，教師の添削を受けますが，教師が赤でチェックマークをつけると一気に気分を害してしまうため，どの部分を直せばいいのかを明確に書き込みます。特に小文字の高さを間違う場合が多いので，余白の部分にしっかり手本を書き込みましょう。

イライラしている児童については，自席に戻って取り組ませないようにしています。教師がその場で「一緒に書いてみようね」と声を掛けて丁寧にサポートしています。

最初から「きれいな字で」を求めすぎず，ライティングのルールを守れている，学習表現が書けている，それだけで満点！　と認め，できたときは「〇〇が上手に書けているね」と具体的に褒めるようにしています。

119

5 Google 翻訳を使う児童がいて困ります。

Google 翻訳との向き合い方の実践例をご紹介します。

　ICT 教材使用の推進で，児童の英語の発表準備や発表そのもののために，１人１台端末を使う機会が多くあります。そのため，わからないことを Google 翻訳に頼る児童も少なくありません。

　ですが，Google 翻訳の性能も完璧ではなく，また入力する日本語によっては正確性に欠ける場合も多くあります。実際に，「私は楽しかった」と入力すると "I was fun." と誤用の文章が返ってきたこともありました。Google 翻訳との向き合い方をご紹介します。

原則調べない，調べる場合は単語で

　発表の準備や，「書く活動」は原則として教科書の単語や教科書の巻末の単語集から選んで書くように伝えています。または，わからないことは教師や ALT に聞くこととしています。

　そうすることで，児童が何度も書き直すことを防ぎ，前後の文章や本当に児童が言いたいことを汲み取って「児童が言えるレベル」の英語を提示できるからです。ALT 来校日に聞きたい英語表現を付箋で印をつけさせるときもあります。

　発表や「書く活動」で大切にしていることは，これまで習ってきた表現でいかに自分の言いたいことを最大限伝えるか，です。調べたことを丸暗記しても習得したことにはなりません。

　万が一，Google 翻訳を使わなければいけない場合は，文章入力ではなく単語のみの入力にするよう伝えています。

6 帰国子女の児童の扱いが難しいです。

帰国子女の児童の対応の実践例を紹介します。

　よく，クラスに帰国子女の児童がいると授業を進めるのが難しいという声を聞きます。また，帰国子女だけでなく，英語学習経験が豊富な児童も飽きない授業にするため，苦労している先生も多いようです。

　でも大切なのは教師が，帰国子女の児童のこれまで経験してきた背景を理解すること，帰国子女・英語学習経験が豊富な児童の役割をつくることです。活動内容の見直しの実践例を紹介します。

児童理解，英語で差が出ない活動を

　帰国子女の児童の多くが，海外生活で私たち教師が想像する以上に大変な経験をしています。異国の地で，言葉だけでなく文化的相違で混乱する経験も多いです。また，まだまだアジア人として肩身の狭い思いをすることも多いようです。

　私たち日本人教師からすると，「英語ができて優秀」に見えますがその裏にたくさんの苦労と努力をしてきていることを理解することが大切です。また，日本に戻ってから，学習面や生活面において戸惑うことも多く英語の授業が唯一ほっとできる場になっているかもしれない，と推測しましょう。

　帰国子女や英語学習経験が豊富な児童にはスモールトークでインプットの相手役として活躍の場を設けたり，「書く活動」で先生の助手をお願いしたりしています。そうすることで，児童自身も自分の英語を見つめなおすきっかけになります。

　活動内容については，ゲームで英語力だけで差がつかないようにすると英語力が高い児童も飽きずに楽しんで取り組めます。

　伝言ゲームに，お箸リレーをプラスさせることで英語力に関係ない要素が加わるので全員がドキドキハラハラ楽しめる活動になります。

7 TTの連携が難しいです。

Team teaching の実践を紹介します。

　英語の授業に，教師が2人入ることは児童の英語習得のために大きな助けとなります。しかし，それぞれの役割があり，T2で入る先生から「何をしたらいいかわからない」という相談もたくさん寄せられています。

　英語の授業が得意なT1の先生のT2として入ると「自分の役割がわからない」と悩んでいる先生も多いようです。

　そこで，私がしている実践例を紹介します。

方針を固める，個別サポートをする

　私も自身のT2の経験で，「私は何を求められているのか」がわからず，発音練習，ライティング添削サポートなど，それ以外の役割がわからず，もやもやした気持ちで教室の前に立っていた経験があります。

　まず年度はじめに，T1の先生に「T2に求めること」を確認することです。

　毎時間の授業のための打ち合わせは時間が限られています。年度はじめに，TTの方針を決めるとT2の役割が確立します。

　英語が得意なT2の先生の役割として，スモールトークの相手，またやり取りの時間になるべくたくさんの児童の様子をチェックすること，授業準備や進行に忙しいT1の先生の目の届かないところで児童サポートをすること，がおすすめです。

　また，T1の先生は全体を引っ張っていく役割があり，授業をどんどん進めます。T2の先生はそのペースに追いついていない児童のフォローや，やり取りで困っている児童の声掛けなど個別サポートをするのもいいでしょう。

　そのため，T2の先生は，教室の前に立たず，教室の後ろに立って，児童と同じ目線で授業を聞くと，個別サポートがしやすいです。

⑧ 授業がざわざわしちゃいます。

クラスルームマネジメントの実践例を紹介します。

外国語活動・外国語の授業は，ほかの教科に比べると動きがたくさんある教科です。

歌を歌うために立ち，やり取りのために立ち歩き，ゲームのために机を動かすなど，この動きの多さがアクティブな雰囲気を作るのと同時に，ざわざわ感を生む原因にもなっています。

けじめがつかず，授業の最初から最後まで落ち着きがない，また最後の振り返りの時間も集中できずに終わった，というお声も届いています。

動の後に静を入れる

私はゲームなどの盛り上がる活動の後は，クールダウンできるように「静」の活動を入れるよう意識しています。

たとえば，ゲームの後に，ABC カード早並べや，アルファベット Dot to Dot，リスニング活動など，集中力が必要で，静かにしなければならない活動を入れます。そうすることによって，児童の集中が一気に個人のタスクに向くので，ざわざわから一変，切り替えることができます。

また振り返りの時間は，落ち着くリラックスミュージックをかけています。毎回の授業でそうすることで，「振り返りの時間」とルーティン化することができ，児童は集中して取り組むようになります。

9 評価に自信が持てません。

ルーブリック活用の実践例をご紹介します。

外国語におけるパフォーマンテストにおいて，知識・技能，思考・判断・表現，主体的に学習に取り組む態度の3つの観点での評価に，「なんとなく」「この子は普段からよくできるから」と，教師の主観や感覚が入ってはいけません。また，評価者によって差が出ないようテストの信頼性・妥当性を確保することも大切です。

細かなルーブリックを作成する

ルーブリックとは，採点基準や観点の尺度を段階別に「見える化」したものです。3観点に沿って児童のよくある間違いを事前に予測しこの回答ならば〇点，と決めておくことで採点の判断を明確にすることができます。

使ってみたよ 実践レポ

ルーブリック用紙（東京都・5年生担任）

Presentation1「This is me.（自己紹介，聞いて！）」（『CROWN Jr.5』三省堂）で，ALTに自己紹介をしながら，やり取りをするというパフォーマンステストにルーブリック用紙（p.125）を使わせてもらいました。

児童に評価の基準が事前に示されていることは，児童にとって練習のときから「ジェスチャーをしてみよう」「リアクションを増やそう」など，課題を明確にしてより主体的に取り組むきっかけとなっていました。

また，教師側にとっても，評価の観点が明確になることは当然ですが，パフォーマンステストを動画撮影し，ルーブリックと照らし合わせて見返すことで，評価の精度が格段にあがりました。

まき先生の教材・教具は，児童にとっては楽しく，教師にとっては優しく，学習の軸がブレないものばかりで，教師にとても優しいです。いつも感謝しています。

10 テスト当日忙しすぎます。

ルーブリックの活用についてご紹介します。

　パフォーマンステストの際，教師はとても忙しいです。ALT との会話を設定することが可能な場合は採点に専念できますが，それが難しい場合は，インタビュアーをしながら採点もしなければなりません。また，テストの順番を待っている残りの児童の監督もあります。だからといって，前述のとおり，「なんとなく」で評価してはいけません。

ルーブリックそのまま印刷するだけ

　テスト採点のために，クラス名簿を用意しがちですが，私がおすすめするのはルーブリックをそのまま人数分印刷したものを使うことです。その理由は，「手早さ」「振り返り」です。

　テストを実施している最中，このルーブリック用紙があれば，評価するべきポイントが明確で，当てはまる点数に〇をつけるだけでいいので，評価者の負担が減らせます。また，余白に児童の誤答やよかったところを追加メモすることにより，テスト後児童にフィードバックすることができます。

　テストを受けたら終わりではなく，その後のフィードバックにより，児童の言語知識の定着を図ることができます。

ルーブリック用紙

	知識・技能	思考・判断・表現	主体的に学習に取り組む態度
①自己紹介	3 1: poor 単語だけ、誕生日 2: good I can soccer 3: excellent		5 gesture clear voice eye contact / nodding reaction questions
②自己紹介	3 1: poor 単語だけ、誕生日 2: good I can soccer 3: excellent		
フリートーク	4　（減点法） 1 2 3 4	10　（減点法）	
合計	/10	/10	/5
			/15

11 低学年のおすすめの授業は なんですか？

低学年におすすめの活動を紹介します。

　各自治体によって，低学年から英語の時間が設定されていたり，学校独自でカリキュラムを組み，英語の授業を導入したりするところも増えてきました。そこで，第二言語習得論の観点から，低学年におすすめの英語の活動を紹介します。教科書がないために，何をしたらいいのか困っている先生にご活用いただければと思います。

インプットベースの活動をする

　第二言語習得の観点から，言語習得においてインプットがとても大きな役割を果たしていると考えられています。そのインプットは，児童が理解できるレベルであること，内容に意味があること，教師児童間にやり取りがあること，が推奨されています。児童とのやり取りが，理解可能であるために，教師がジェスチャーやイラストをたくさん使うこと，ゆっくりと，なるべく短い文章で実際の会話で頻出度の高い語彙を使うこと，単語間・文章間にポーズを置くこと，繰り返すこと，Closed-ended の質問をすることが求められます。これらを簡単に実践できるのが，英語絵本です。

　朗読だけでなく，豊富なイラストを元に会話を広げたり，質問したり，語彙の意味をわかりやすくかみ砕いたり，時には絵本に出てくる動物や人のまねをしたりして，インプットの質を高めましょう。このような良質なインプットを元に，児童は語彙の音と意味，文章の形と意味をつなげて英語の理解を深め，習得していきます。

　教師はアウトプットを，と結果を急ぎすぎてしまいがちですが，言語習得はとてもゆっくりです。まずは，インプットを豊富に，お話の内容理解のためのアクティビティを通して簡単なアウトプットだけにするのがおすすめです。英語絵本の後は，画用紙を配り，聞いたお話を絵でまとめたり，お話の続きを考えたりする活動も楽しくてクリエイティブです！

【参考文献】
Benati, A.G. (2020). Key questions in language teaching an introduction. Cambridge University Press.

【著者紹介】

増渕　真紀子（ますぶち　まきこ）

東京都小学校外国語専科講師。1985年大阪生まれ。関西学院大学総合政策学部卒業後，山梨県公立中高一貫校，大阪府私立中高一貫校で英語教諭を経て，東京都八王子市内の幼稚園や保育園で英会話講師を務める。出産を機に子育て支援英語サークルを発足。現在は，小学校外国語専科講師として3年生から6年生の授業を担当する傍ら，アメリカの Anaheim University Master of arts in TESOL（修士）コースに在籍中。第二言語習得に基づいた Young learners のための Input enhancement 教授法について研究している。Community College of Philadelphia で teaching assistant を務める。J-SHINE 小学校英語上級指導者の資格を所有し，2021年より Instagram, YouTube でまき先生として小学校英語の授業アイデアや教材，教授法をシェアしている。

URL：https://www.instagram.com/maki_english_sensei/

小学校英語サポートBOOKS

教師1年目から使える！
英語授業アイテム＆ゲーム100

2023年12月初版第1刷刊	©著　者	増　　渕　　真紀子
2024年5月初版第3刷刊	発行者	藤　　原　　光　　政
	発行所	明治図書出版株式会社

http://www.meijitosho.co.jp
（企画）木山麻衣子（校正）丹治梨奈
〒114-0023　東京都北区滝野川7-46-1
振替00160-5-151318　電話03(5907)6702
ご注文窓口　電話03(5907)6668

＊検印省略　　　　　　組版所　朝日メディアインターナショナル株式会社

Printed in Japan　　　　　ISBN978-4-18-277710-3

もれなくクーポンがもらえる！読者アンケートはこちらから →